Schlafen und Träumen, die Realität aus einer anderen Sicht –
Die Wirkung der außersinnlichen Welt.

Wer schläft, der träumt. Wer träumt, muss nicht schlafen.

Carsten Richter

Schlafen und Träumen, die Realität aus einer anderen Sicht

Die Wirkung der außersinnlichen Welt.

Träume sind Inputs einer fremden Welt, dargestellt mit bekannten Bildern.

FSC
www.fsc.org
MIX
Papier aus ver-
antwortungsvollen
Quellen
Paper from
responsible sources
FSC® C105338

Carsten Richter

Die Deutsche Nationalbibliothek verzeichnet diese Publikation in der Deutschen Nationalbibliografie; detaillierte bibliografische Daten sind im Internet über http://dnb.dnb.de abrufbar.

Illustration: Carsten Richter

Herstellung und Verlag: BoD – Books on Demand, Norderstedt

ISBN: 9783732244973

Inhaltsverzeichnis:

Vorwort

Kapitel 1: Das Schlafen

1.1. Warum schlafen wir?
1.2. Was macht das Schlafen aus?
1.3. Wie erleben wir im Schlaf die Konstanten unserer Realität?
1.4. Warum wissen wir nicht, dass wir schlafen?

Kapitel 2: Träume

2.1. Warum träumen wir?
2.2. Was sind Träume?
2.3. Was sind bewusste Träume?
2.4. Was geschieht, wenn wir im Traum bewusst werden?
2.5. Die materielle und nichtmaterielle Welt vereinen.
2.6. Ein Abstecher zu den luziden Träumen.

Kapitel 3: Inputs für Traumgeschichten

3.1. Durch Analogien sein Wissen erweitern.
3.2. Was ist die andere Ebene?
3.3. Woher kommen die Ursachen der Träume?
3.4. Wie haben wir Zugang zu diesen Ursachen?
3.5. Wie verarbeiten wir diese Ursachen?

Kapitel 4: Das Schlafen und die fremden Inputs.

4.1. Warum erleben wir die Inputs nur im Schlaf so intensiv?

4.2. Was geschieht mit unseren Sinnen im Schlaf?
4.3. Wie nehmen wir diese andere Ebene wahr?
4.4. Warum sind wir so offen für die Wahrnehmung der anderen Ebene, obwohl wir diese real doch nicht kennen?
4.5. Warum verschwimmt das Erlebte nach dem Erwachen so schnell?
4.6. Können wir die Inputs im Wachzustand verstärken?

Kapitel 5: Wie sensibilisieren wir uns für diese Inputs?

5.1. Verhaltenspotenzial durch Erkenntnisse
5.2. Methoden zur Sensibilisierung für die Trauminputs.
5.3. Entspannung und Konzentration
5.4. Übungen zur Verbesserung der Konzentration.
5.5. Übungen zur Verbesserung der Entspannung.
5.6. Was kann man von diesen Übungen erwarten?

Kapitel 6: Einflüsse der anderen Ebene auf uns.

6.1. Ursachen für besondere Gemütszustände.
6.2. Wir erhalten Informationen.
6.3. Der Einfluss auf unsere Persönlichkeit.
6.4. Eine Art der Kommunikation.
6.5. Der Einfluss auf unsere Realität.

Kapitel 7: Was bedeutet dies für uns?

7.1. Unser Bild der Trennung vom Umfeld muss überdacht werden.
7.2. Ein umfassendes Bild der Existenz erfahren.
7.3. Einflüsse kennen und mit ihnen umgehen lernen.
7.4. Die Erweiterung des Horizonts.
7.5. Unser Bild vom Leben muss neu bewertet werden.

Vorwort

Nacht für Nacht erleben wir sie. Manchmal bleiben uns kaum Erinnerungen und manchmal sind die Erfahrungen so klar, dass diese uns noch Wochen beschäftigen. Das Empfundene dabei erstreckt sich von einem Gefühl der unbeschreiblichen Überwältigung bis hin zu großen Ängsten. Aber egal wie ausgeprägt ein Traum ist und welche Emotionen dieser in uns hervorruft, es ist immer eine besondere und atypische Erfahrung.

Was ist es, was manche Träume so besonders macht? Warum können wir einen Traum nach dem Erwachen klar als Traum einstufen, aber während der Träumerei nicht? Und weshalb ist es so überwältigend, wenn wir beim Träumen Bewusstheit erlangen? Träume sind ein Mysterium, welches viel Spannendes für uns bereit hält. Da wir Träume lediglich im Schlaf so ausgeprägt erfahren, macht es Sinn diesen Zugang genauer zu analysieren. In diesem Buch gehe ich auf die Besonderheiten des Schlafens ein und setze diese in Bezug zur erlebten Träumerei.
Dabei gilt es gerade das auffällige Endgleiten der Trauminhalte nach dem Erwachen zu erkunden. Außerdem ist eine nähere Prüfung des Verlustes unserer Rationalität während des Träumens sinnvoll, da in dieser Zeit unser materieller Verstand offensichtlich ausgeblendet wird. In den wenigen besonderen Momenten, in welchen wir diesen Verstand während des Schlafens aktivieren, erfahren wir die bemerkenswerten luziden Träume. Eine Erfahrung welche ganz bestimmte Umstände aufzeigt.
Die Inputs der Träume, welche diese paradoxen Traumerlebnisse schaffen, beeinflussen uns tagtäglich. Nicht nur im Schlaf, sondern auch im wachen Zustand sind wir diesen Einflüssen ausgesetzt. Um das Gesamtbild zu verstehen müssen wir zuerst begreifen, warum wir nur im Schlaf so empfänglich für diese Inputs sind. Hierfür müssen wir unser Weltbild überdenken und

andere, uns fremde, Gegebenheiten zulassen. Ein großes Anliegen dieses Buches ist die Beschäftigung mit diesen fremden Bestandteilen unserer Realität, damit wir besser mit unseren Träumen arbeiten können, sowie uns für die ursächlichen Inputs dieser Träume sensibilisieren. Dies hat eine effektivere und sehr viel aufschlussreichere Traumerfahrung zur Folge, was der Verbesserung der Qualität für alle außersinnlichen Inputs dienlich ist.

Kapitel 1: Das Schlafen

1.1. Warum schlafen wir?

Wir schlafen weil wir müde sind. Wann werden wir müde? Es gibt mehrere Faktoren, welche darauf einen Einfluss haben. Die körperliche Aktivität spielt dafür eine erhebliche Rolle. Nach einem anstrengenden Tag sind wir erheblich müder, als nach einem ruhigen Tag. Aber auch hier kann man Einwände bringen. Menschen, welche zu lange schlafen, erfahren den restlichen Tag ebenfalls Müdigkeit und Trägheit. Es scheint, dass auch Inaktivität das Schlafen zur Folge hat.

Ein anderer wesentlicher Indikator ist unsere biologische Uhr. Der Körper hat sich an einen Rhythmus angepasst, nach welchem er zu bestimmten Zeiten Schlaf erwarten kann. Eine vermeintlich geringe Abweichung sorgt hierbei schon für Auffälligkeiten. Erkennbar ist dies an der jährlichen Zeitumstellung (Sommerzeit und Winterzeit) von nur einer Stunde. Wir verändern den temporären Ablauf um lediglich 1/24 (nur 4%) und erfahren dadurch geringfügige Störungen! Die Empfindlichkeit dieses Systems ist an diesem Beispiel besonders deutlich.

Man geht davon aus, dass der Schlaf, aufgrund der geringeren körperlichen Aktivität, Reparaturen und Wiederherstellungen im Körper ermöglicht. Die REM Phase (Traumphase) soll darauf verweisen, dass in unserem Gedächtnisspeicher diverse Prozesse zur Strukturierung ablaufen. Neue Erkenntnisse der Hirn- und Gedächtnisforschung weisen jedoch indirekt darauf hin, dass diese These in ihrer dogmatischen Klarheit nicht haltbar ist. Im Verlauf des Buches werde ich aus unterschiedlichen Sichtweisen tiefer darauf eingehen. Ergänzend dazu möchte ich Sie auf mein Buch „die Realität verstehen lernen – ein erster Schritt" verweisen. Dort habe ich detailliert die verschiedenen Strukturen der Realität in Bezug zu den Erkenntnissen der Quantenmechanik gesetzt, um ein verständliches Gesamtbild der Existenz zu vermitteln. Auf diese Aspekte werde ich in diesem Buch daher kaum, oder nur oberflächlich, eingehen.

Es gibt noch viele Indikatoren, welche für Müdigkeit sorgen können. Dazu zählen beispielsweise Trauer, Übersäuerung und Vieles mehr. Die Gründe der Müdigkeit sollen in diesem Buch jedoch keine tragende Rolle spielen. Wesentlich hierbei ist, dass es gewisse Ursachen für das Schlafen gibt, welche in unserer biologischen Natur liegen. Alle Randerscheinungen des Schlafens, wie beispielsweise Träume, müssen auch als dessen Randerscheinung betrachtet werden. Wir schlafen demnach nicht um zu träumen, sondern aufgrund regenerativer Prozesse.

Die Dauer des Schlafes liegt im Mittel bei 7-8 Stunden. Natürlich gibt es auch Abweichungen von dieser Norm. Manche Menschen benötigen demnach weniger oder gar mehr Schlaf. Dabei spielt das Alter eher eine untergeordnete Rolle. Der Schlafanspruch eines Organismus orientiert sich an dessen Erbanlagen, sowie an dessen erlangten Lebensgewohnheiten. Der scheinbar geringere Schlafanspruch älterer Menschen scheint darin begründet, dass aufgrund medikamentöser Beeinflussung des Körpers, längere Mittagsruhe oder anderen Umstellungen, die nächtliche Ruhezeit verändert wird. Wir können somit festhalten, dass der Mensch ca. 1/3 seiner Lebenszeit schläft.

1.2. Was macht das Schlafen aus?

Hierbei geht es mir nicht um die physikalisch messbaren Merkmale der verschiedenen Schlafphasen. Die Erörterung dieser Phasen ist in dem Kontext des Buches kaum aufschlussreich. Es geht mehr um die Folgen für das schlafende Individuum an sich, besonders im Bezug zur Wahrnehmung.

Unsere 5 Sinne (sehen. hören, fühlen schmecken und riechen) sind in der Phase des Schlafens auf ein Minimum reduziert. Wir registrieren zwar passiv unsere Umwelt, jedoch nehmen wir diese nicht mit der Bewusstheit des Wachzustandes war. Wir scannen lediglich nach verschiedenen Signalen, welche primär eine Gefahr für uns darstellen könnten. Beim Geruch von Feuer werden wir erwachen, wobei wir beim Geruch von Essen in der Regel nicht beeinflusst werden.

Unsere 5 Sinne formen im Wachzustand auf eine erstaunliche Weise unser Bild der Realität. Die Inputs werden verschmolzen und logisch zusammengefügt, um eine kausale und für uns verständliche Abfolge der uns umgebenden Ereignisse zu schaffen. Dass diese Darstellung nur eine mögliche Variante und äußerst lückenhaft ist, ist eine erwiesene Tatsache. So interessant diese Erkenntnisse auch sein mögen, in diesem Buch sind sie eher zweitrangig. Es ist eher von Bedeutung, dass der für uns so wichtige Prozess der Wahrnehmung nahe gegen Inaktivität driftet.

Die alltägliche Wahrnehmung erfordert einen großen Teil unserer Konzentration und Aufmerksamkeit. Die Unmenge an Daten, welche uns in Bruchteilen von Sekunden bombardiert, wird, wegen der beschränkten Möglichkeit der Verarbeitung, nur zu einem geringen Teil verwertet. Größtenteils baut sich unsere Sicht der Umwelt, unsere Variante der Realität, auf Schlussfolgerungen und Erfahrungswerte. Nur so kann ein funktionales Bild der materiellen Realität, in Kombination mit den Inputs, erzeugt werden.

Was macht nun das Schlafen aus? Während wir schlafen ist unsere Aufmerksamkeit und Konzentration nicht aufgrund unserer Sinne derart reserviert, wie es der Wachzustand erfordert. Es müssen kaum Inputs dieser Sinne verarbeitet werden und ebenso wenig ist die Konstruktion einer so komplexen Realität nötig. In dem Buch geht es mir hauptsächlich um diesen gewaltigen Unterschied. Meditation und Konzentrationsübungen, welche die Erforschung des eigenen Inneren zum Ziel haben, propagieren schon immer, dass die Reize der Umwelt ausgeblendet werden sollen. Methoden des bewussten Träumens deuten es ebenfalls an: Die Inputs unserer Realität lenken uns maßgeblich von den Inputs einer anderen Ebene ab. Diese Ebene können wir im Schlaf andeutungsweise erahnen, aber kaum verstehen. Das ist einem zweiten Umstand des Schlafens geschuldet.

Bei diesem zweiten Indikator handelt es sich um den Status des Bewusstseins. Es gibt ein breites Spektrum an Lektüren über die verschiedenen Grade der Bewusstheit. Diese möchte ich hier nicht näher erläutern. Stattdessen halte ich es unbedingt für erforderlich, das Bewusstsein aus einer anderen komplexeren Sichtweise zu betrachten. Wenn es um den Begriff des Bewusstseins geht, so sind wir mit unseren derzeitigen Erklärungen doch recht hilflos. Keine Publikation vermag eine treffende Definition von Bewusstseim zu vermitteln. Aus diesem Grund halte ich auch die Klassifizierungen von Bewusstseins-ebenen für eine gefährliche Sackgasse. Gefährlich deswegen, weil diese Betrachtung unseren Horizont einschränkt. Unsere klassische Sicht wird als linear interpretiert. Dies möchte ich in der Folgenden Grafik illustrieren.

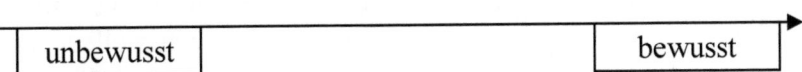

Unser aktuelles Bild stellt eine Art Klassifikation dar, welche von geistiger Abwesenheit (links) bis hin zur geistigen Präsenz (rechts) verschiedene Ausprägungen aufweisen kann. Dies korreliert in den meisten Betrachtungen mit verschiedenen Frequenzen der Hirnwellen. Diese Art des Verständnisses für Bewusstsein setzt unsere eigene Realität als fundamentale Basis voraus. Dass diese Sichtweise einer Überholung bedarf wird in den letzten Jahren immer mehr Menschen bewusst. Daher sollten auch wir diese Anschauung überdenken. Ich schlage daher folgende Betrachtung vor:

```
                 ┌─────────────────┐
                 │ Bewusstsein als │
                 │    Gesamtes     │
                 └─────────────────┘

┌───────────┐ ┌─────────────┐ ┌──────┐ ┌──────┐
│ materielle│ │ immaterielle│ │ ...  │ │ ...  │
│ Realität  │ │ Realität    │ │      │ │      │
└───────────┘ └─────────────┘ └──────┘ └──────┘
```

Was wir mit Bewusstsein bezeichnen, ist nur ein geringer Teil eines größeren Ganzen. Ganz schlicht betrachtet sehen wir als Bewusstsein den Grad der Klarheit in unserer materiellen Realität an. Der Pfeil unserer linearen Darstellung wäre somit die einzelne Linie zwischen Bewusstsein und materieller Realität. Diese Sicht ist natürlich vollkommen beschneidend für unser Verständnis der anderen Ebenen der Existenz. Es gibt einige parallel existente „Realitäten", welche wir mit einnehmen. Verschiedene Bewusstseinszustände versetzen uns somit in die verschiedenen Realitäten. In der Grafik habe ich nur 2 betiteln können. Ich nehme an, dass es noch weitaus mehr davon gibt, nur verspüren wir keinerlei Inputs dieser Ebenen.

Für unsere Betrachtung des Schlafens und Träumens benötigen wir die Sicht auf die beiden Ebenen der materiellen und immateriellen Realität. Kommen wir nun in diesem Kontext zurück auf die Frage: Was macht das Schlafen aus? Es ist der Wechsel in eine andere Realität. Unsere sensorischen Inputs aus der materiellen Realität sind auf ein Minimum reduziert. Da wir recht tief mit der immateriellen Realität verbunden sind, bekommen wir permanente Inputs dieser Welt. Diese Inputs können sich im Schlaf entfalten, da wir unsere Konzentration von der materiellen Welt abwenden. Das ist ein ganz wichtiger Punkt für Ihr Verständnis. Wir reduzieren nicht unsere Bewusstheit, sondern wir wechseln in eine andere Realität und verarbeiten diese Inputs bewusster. Diese Verarbeitung im materiellen Gedächtnis zu halten ist sehr schwer und hochgradig verwirrend. Das Resultat dieses Versuches sind nämlich unsere Träume. Eine andere Variante sind luzide Träume, auf welche ich in meinen Buch „die Realität der Träume = die Welt der Quantenmechanik" umfassend eingehe. Auch in diesem Buch werde ich dieses Thema an einer anderen Stelle betrachten.

1.3. Wie erleben wir im Schlaf die Konstanten unserer Realität?

Wenn wir uns einmal unsere alltägliche Realität, unsere materielle Existenz, betrachten, erkennen wir einige grundlegende Konstanten, welche für uns essenziell erscheinen. Dazu gehört beispielsweise die Kausalität. Ereignisse finden immer in einer festen Reihenfolge statt. Diese Tatsache impliziert einen Zeitpfeil, welcher sich in nur eine Richtung erstreckt. Ursache und Wirkung können auch nur in dieser Reihenfolge auftreten. Eine Wirkung, gefolgt von ihrer Ursache, erscheint uns unlogisch. Doch Vorsicht bei diesen Dogmen! Die Quantenmechanik lehrt uns den Bruch dieser Logik. In meinem Buch „Die Realität verstehen lernen – ein erster Schritt" gehe ich intensiv auf diese Tatsache ein. Das Thema der Quantenmechanik soll in diesem Buch nicht weiter betrachtet werden.
Ein weiterer grundlegender Aspekt unserer Realität ist die Lokalität. Um einen Ort zu erreichen, müssen wir uns auf irgendeine Weise dahin bewegen. Egal mit welchem Hilfsmittel dies geschieht, wir benötigen immer eine bestimmte

Geschwindigkeit. Auch hier finden wir den „Faktor: Zeit" wieder. Denn Geschwindigkeit = Weg/Zeit. Diese Tatsache scheint uns nicht wirklich bewusst zu sein. Wir gehen täglich mit derartigen Angaben um, indem wir von km pro Stunde sprechen (beim Auto zum Beispiel). Die Zeit ist auch hierbei ein maßgeblicher Indikator, ohne den es keine Geschwindigkeit gäbe.

Weiterhin ist die Vergänglichkeit ein Element unserer Realität. Aufgrund von Erinnerungen erfahren wir aufeinander folgende Ereignisse in unserem Leben. Wir sind uns über die Vergänglichkeit aller Umstände bewusst und leben täglich mit dieser Klarheit. Erinnerungen ermöglichen uns dies, was wiederum erst einmal das Empfinden der Zeit ermöglicht. Jedes Ereignis und jede Situation beansprucht eine gewisse zeitliche Präsenz. Dieser Anspruch mag verschieden lang sein, aber er ist essenziell für die Existenz in unserer Realität. Es ist wie bei der Multiplikation: $X*0 = 0$. Jede Zahl, multipliziert mit Null, wird Null ergeben. Wenn der Faktor Zeit demnach Null ist, dann existiert ein Element nicht in unserer Realität. Denn diese Realität ist in ihren gesamten Indikatoren zeitabhängig. Da schon Albert Einstein postulierte, dass die Zeit eine (wenn auch hartnäckige) Illusion ist, dürfen wir nicht davon ausgehen, dass ein Objekt (im weiteren Sinne) nicht existiert, nur weil es als Zeit den Faktor Null beschreibt. Richtig wäre zu sagen, es ist nicht in unserer materiellen Realität präsent. Diese Einschränkung ist wichtig.

Wie erleben wir diese Konstanten Lokalität, Kausalität und Vergänglichkeit im Schlaf? Wir können diese Kriterien allesamt auf die Zeit reduzieren. Die Antwort auf das Erleben der Zeit lässt unweigerlich Schlüsse auf das Erleben dieser Indikatoren zu. Während des Schlafens verspüren wir keine Zeit. Das ist im Grunde nichts Neues. Wenn wir durchschlafen, dann liegen wir zwar einige Stunden auf derselben Stelle, aber uns wird nicht langweilig. Wir schlafen ein und paar Sekunden später erwachen wir. So kommt es uns zumindest vor. Was wir rein als vergängliche Zeit wahrnehmen, das ist der kurze Moment des Einschlafens und des Erwachens. Lediglich unsere Uhr teilt uns mit, dass mehrer Stunden vergangen sind. Manchmal schlafen wir nur für wenige Minuten und träumen derartig langwierige Ereignisse, dass es uns wie eine ganze Nacht vorkommt. Die Unfähigkeit Zeit zu realisieren hat befremdliche Folgen. In Träumen können wir keine logischen Schlüsse ziehen. Unsere Handlungen sind ohne besondere Folgen. Da wir uns Erfahrungen nicht merken können (versuchen Sie sich mal im Traum an die Traumereignisse zu erinnern), erfahren wir auch keine Vergänglichkeit. Im Traum leben wir nur im Jetzt. Wenn wir erwachen, dann nehmen wir ein paar Traumelemente mit. Mit Übung können dies sogar viele Traumelemente werden. Wir versuchen diese dann in einen sinnvollen Zusammenhang zu bringen. Eine solche Arbeit würden Sie im Traum nicht bewältigen.

Somit sind alle Konstanten unserer Realität in der Traumwelt ungültig. Diese befremdliche Erfahrung führt oftmals zu dem trügerischen Schluss, dass diese Erfahrungen nicht real sein können. Wir müssen uns im Klaren darüber sein, was bei dieser Aussage real bedeutet. Wenn wir sagen: „Etwas ist nicht real.", dann meinen wir damit, dass es dieses Etwas überhaupt nicht gibt. Das ist jedoch eine sehr extreme Schlussfolgerung und kann so nicht stehen gelassen werden. Denn es wäre naiv zu denken, dass unsere Realität die einzige Realität ist. Stattdessen können wir sagen: „Dieses Etwas gibt es in unserer materiellen Realität nicht.". Das bedeutet, dass wir die Erfahrungen des Träumens nicht einfach negieren können, wir müssen diese einfach mit anderen Kriterien bewerten und erfahren.

1.4. Warum wissen wir nicht, dass wir schlafen?

Das Fehlen der eben aufgeführten Konstanten unserer Realität sollte vermuten lassen, dass wir einen Traum als solchen sofort erkennen. Hierbei sind wir bei einem Thema, welches viele Menschen reizt und intensiv beschäftigt. Denn im Traum Bewusstheit zu erlangen ist ein unbeschreiblich schönes Gefühl. Gleichzeitig ist es eine anspruchsvolle Aufgabe, welche echtes Interesse und Geduld erfordert. Auf dieses Thema werde ich im späteren Teil des Buches intensiver eingehen.

Es ist falsch zu sagen, wir merken es nicht, weil unser Bewusstsein inaktiv ist. Im Gegenteil, es ist sogar sehr aktiv. Es ist so aktiv wie immer, nur nehmen wir dies beim Schlafen anders wahr. Das Bewusstsein agiert und interagiert mit seiner Umwelt. Ideal ist dies an einem luziden Traum erklärbar. Wenn Sie schon einmal die Erfahrungen gemacht haben im Traum luzide zu werden, dann werden Sie der folgenden Aussage sicherlich bestätigend zustimmen. Wenn dies nicht der Fall ist, dann verinnerlichen Sie sich bitte diese Schilderung, denn Sie spiegelt die Situation des Träumers gut wieder. Wenn man im Traum luzide wird, dann ist man sich dessen erst einmal unsicher. Man nimmt an, dass man träumt, aber man will erst einmal Bestätigung dafür finden. Einige Methoden (der Versuch zu rechnen, Kausalitäten zu erkennen…) sind dabei recht hilfreich. Aber irgendwie ist es recht selten wirklich eindeutig. Aber warum ist das so? Ich wurde mal in einem Traum ganz schleppend und auch nur leicht luzide, in welchem ich an einem total fremden Ort gewesen bin. Ich wollte zurück in mein Haus, aber da stand es nicht mehr. Ich schaute in den Himmel und da sind Sterne in Form eines geometrischen Objektes gewesen. Mit meinem Verständnis der materiellen Realität ist es vollkommen problemlos sicher zu sagen, dass dies ein Traum war. Manchmal ärgere ich mich nach dem Erwachen über mich, dass ich einen Traum nicht als solchen erkannt habe.

Die Ursache dafür ist, nach meiner Auffassung und Erfahrung, recht simpel. Eine grundlegende Voraussetzung für einen luziden Traum ist, dass wir uns an diesen erinnern. Das klingt nicht besonders aufschlussreich, aber bitte denken Sie darüber nach. Es ist durchaus möglich, dass wir bewusst träumen, davon aber nichts mehr wissen. Träume können doch kurze Ausschnitte von viel umfangreichern Ereignissen sein, nur dass wir uns an diese nicht mehr erinnern können. Wir können nur spekulieren, was wir in dieser anderen Realität von unserer bekannten materiellen Realität erkennen. Diese Bilder sind sicherlich ähnlich verwirrend und unwirklich. Wenn es uns doch einmal gelingt, dass wir Klarheit im Traum erlangen, dann geschieht dies auf einem anderen Weg, als wir vermuten.

Wir werden uns im Traum der materiellen Realität bewusst. Nur so lässt sich die Unsicherheit in luziden Träumen erklären. Wir nehmen diese Welt als real. Wir können die Traumwelt selten mit Sicherheit entlarven, weil wir keine Erinnerungen an unsere tatsächliche materielle Realität haben. Wir wissen zwar was wir träumen, aber Elemente aus dieser Welt sind uns nur ganz ungenügend vorhanden. Diese Sichtweise ist sehr wichtig, um effektiv mit seinem Bewusstsein und den Träumen arbeiten zu können. Wir wissen nicht, dass wir schlafen, weil wir im Traum keine Kenntnis von unserer materiellen Welt haben.

Dass uns die Träume nach dem Erwachen ausschließlich mit Bildern unserer materiellen Welt dargestellt werden hat einen denkbar einfachen Grund. Unser Gehirn will das Erlebte (Bruchstücke aus dem Traum) darstellen oder speichern. Dies kann es nur mit bekannten Bildern. Noch einmal: Im Traum fehlen alle uns bekannten Konstanten. Natürlich kann unser Gehirn mit einer derart verwirrenden Welt nicht effektiv arbeiten, so wie einem Blinden nur mühselig das Aussehen einer Farbe erläutert werden kann. Es muss ähnliche Elemente aus dem Gedächtnis einsetzen, um das Erlebte zu speichern und darzustellen. Heraus kommt ein derartig transformierter Traum, dessen ursächliche Erscheinung nicht mehr rekonstruierbar ist. Allein schon deswegen, weil die erlebte Welt mit unserer materiellen Welt nicht vereinbar ist. Daraus lässt sich, im

Hinblick auf die Behandlung der luziden Träume, schließen, dass wir das Ziel haben müssen im Traum die materielle Existenz zu vergegenwärtigen.

Kapitel 2: Träume

Träume haben einen enormen Einfluss auf unsere Psyche. Wir müssen davon ausgehen, dass alles was wir erleben auch unsere Persönlichkeit formt. Unsere nächtlichen Erlebnisse, mögen diese auch noch so befremdlich erscheinen, haben genau den gleichen Effekt. Manchmal erwachen wir vollkommen glücklich und mit einer tiefen Zufriedenheit, andererseits können wir auch erschrocken und mit Angstgefühlen aufstehen. Beide Zustände sind eine Folge aus unseren Träumen. Dabei spielt es eine unwesentliche Rolle wie wir den Abend zuvor verbracht haben.
Der Mensch hat den Träumen schon seit vielen tausend Jahren einen besonderen Status verliehen. Oft erlangen wir in Träumen Einsichten und Verständnis, welche sich uns im wachen Zustand so nicht erschlossen hätten. Diese Tatsachen bringen uns zu einer wichtigen Frage, welche uns dem Verstehen der Träume näher bringt.

2.1. Warum träumen wir?

Man kann diese Frage aus verschiedenen Blickwinkeln auch ganz unterschiedlich beantworten. Die klassische Ursache lautet, dass Speicher- und Regenerationsprozesse im Gedächtnis Träume zur Folge haben. Mit dieser Einstellung messen wir den Träumen eine Bedeutungslosigkeit bei, welche an Ignoranz nicht zu überbieten ist. Es sind nicht nur die Träume, sondern auch Deja Vu, Eingebung, Intuition, luzide Träume und Gedankenübertragungen, welche einer Erklärung bedürfen. Alle diese

Erscheinungen weisen eine verdächtige Ähnlichkeit auf. In meinem Buch „die Realität der Träume = die Welt der Quantenmechanik" gehe ich auf diese Zusammenhänge sehr ausführlich und genau ein, sodass ich dies in diesem Buch nur am Rande erwähnen werde. Die gemeinsame Ursache dieser Dinge lässt die Schlussfolgerung zu, dass es noch weit mehr Formen der Existenzen gibt, als die uns bekannte materielle Existenz. Diese Tatsache müssen wir akzeptieren.

Wenn wir uns darüber im Klaren sind, ohne diese Formen der Existenz auch nur ansatzweise zu verstehen, dann sind wir der Antwort auf die Frage nach den Träumen schon ein ganzes Stück näher. Sehr einfach ausgedrückt können wir sagen: „Wir träumen weil wir nicht von anderen Reizen abgelenkt werden!". Diese Betrachtung ist so simpel wie auch genial. Wenn wir die Existenzen anderer nichtmaterieller Realität akzeptieren, dann müssen wir ebenfalls akzeptieren, dass aus diesen Ebenen Einflüsse auf uns wirken. Denn auch wir existieren nicht nur in der materiellen Welt. Dafür ist der Begriff des Lebens und der Existenz an sich zu groß und komplex.

Leider sind wir uns diesen Einflüssen nicht wirklich bewusst. Unsere Gesellschaft stellt derartige Themen und Fakten so erfolgreich in den Schatten, dass wir uns dessen nicht mehr gewahr werden. Was hat das für Folgen? Wenn wir zum Beispiel unerklärliche Stimmungsschwankungen, Eingebungen, Gefühle, Erkrankungen, Erfahrungen oder Empfindungen haben, dann suchen wir ausschließlich in unserer materiellen Welt nach Ursachen. Wenn wir diese nicht finden, geben wir in aller Regel auf und vergessen das Ereignis. Wir nehmen uns einfach nicht die Zeit für derartige Erforschungen. Somit wird ein Ereignis entweder materiell erklärt oder ignoriert. Ob diese Ignoranz aus Unwissenheit oder Bequemlichkeit resultiert, ist eher unwichtig. Unser Horizont bleibt so eingeschränkt wie er eben ist.

Dieselben Einwirkungen, welche uns am Tage unwissentlich beeinflussen, wirken auch im Schlaf auf uns. Nur ist hier ein wesentlicher Unterschied. Im Schlaf werden wir nicht abgelenkt. Unsere sensorischen Inputs sind auf ein Minimum reduziert. Wir denken auch nicht aktiv über irgendwelche Dinge des materiellen Alltags nach. Folglich haben die unbekannten Inputs viel mehr Möglichkeiten sich „Gehör" zu verschaffen. Das ist ein ganz wichtiger Punkt. Wir träumen, weil wir Inputs einer nicht-materiellen Welt klarer wahrnehmen können. Ob diese Inputs einfach aus dem riesigen „Informationsozean" um uns resultieren, oder von einer anderen Form des Lebens, ist zunächst vollkommen egal. Primär ist nur der Fakt wichtig, dass wir in der Lage sind mehr als es unsere 5 Sinne zu leisten vermögen wahrzunehmen. Diese Inputs sind immer vorhanden, egal ob wir schlafen oder nicht. Nur werden diese Inputs im Schlaf gehört, weil wir nicht abgelenkt sind.

Diese Inputs müssen irgendwie dargestellt werden. Aber wie soll das geschehen? Wir müssen Informationen aus einer fremden Ebene der Existenz mit in unsere Realität nehmen. Denn nur wenn wir diese Informationen mitnehmen, können wir uns auch in der materiellen Welt daran erinnern. Aber wie nimmt man diese mit? Wie nimmt man Einflüsse mit, welche man mit der uns bekannten Existenz nicht erklären oder verstehen kann? Wir können nicht einmal Bewusstsein vollkommen definieren. Wie sollen wir Elemente aus der Welt des Bewusstseins dann erst beschreiben? Die Antwort darauf lautet ganz einfach: Wir müssen die Inputs modifizieren. Wir erleben diese Modifikationen täglich. Die elektromagnetischen Wellen (Bereich von 400 – 800 Nanometer) werden durch das Auge aufgenommen und als Farbe dargestellt. Oder die Schallwellen (16 – 20.000 Hz) werden von unserem Ohr als tiefe oder hohe Töne klassifiziert. Alle Inputs werden auf komplexe Weise so konfiguriert, dass wir daraus etwas verstehen oder erkennen können. In Träumen ist es nicht anders. Anhand von Analogien zu uns bekannten Objekten werden die erlebten Traumursachen dargestellt. Sie werden nie erleben, dass Sie von unbekannten Dingen Träumen. Sie werden alles kennen. Nur werden die bekannten Objekte im Traum ganz anders zusammengefügt, als wir es für üblich halten. Im Traum liegt eben mal ein Stein an der Decke, springt man viele 100 Meter weit oder verliert überraschend alle Zähne.

Das ist befremdlich, aber alles bekannte Ereignisse aus unseren Erinnerungen. Und aus diesen Erinnerungen wird der Input der fremden Welt dargestellt, damit wir ihn aufnehmen können.

2.2. Was sind Träume?

Träume sind also Erlebnisse. Erlebnisse welche wir tatsächlich erfahren. Diese Erlebnisse werden transformiert in ein Verständnissystem, welches in der materiellen Realität dargestellt werden kann. Diese Erlebnisse sind Inputs, welche wir materiell nicht greifen können und welche mit herkömmlichen Methoden nicht sichtbar gemacht werden können.

Im Schlaf besitzen wir die Ressourcen unseres materiellen Bewusstseins, um uns diesen Inputs zu widmen. Schon beim Erwachen spüren wir die Vergänglichkeit dieser Erfahrungen. Diese Vergänglichkeit ist der Aktivität unserer Sinne und der daraus resultierenden Umlagerung unserer Konzentration geschuldet. Wir lassen die Träume schnell wieder los. Aus diesem Grund erscheinen Sie uns so Bruchstückhaft und unstrukturiert.

Träume sind also Inputs einer anderen Welt, mit uns bekannten Elementen. Und was ist mit der Deutung der Persönlichkeitsstruktur auf der Grundlage von Träumen? Siegmund Freud arbeitete mit der Psychoanalyse sehr intensiv mit Träumen. Und das erfolgreich! Wenn Träume aber nur Elemente für die Darstellung fremder Inputs sind, wie kann man daraus Schlussfolgerungen auf den individuellen Charakter eines Individuums schließen? Schließlich ist die immaterielle Realität keinesfalls lokal, so wie wir es aus unserer Welt kennen.

Die Antwort darauf ist denkbar einfach. Jeder Mensch hat eine individuelle psychische Struktur. Erziehung, Erfahrungen, Ideale und das Umfeld prägen die Psyche eines Individuums. Je nach der Struktur werden verschiedene Inputs auf verschiedene Art und Weise verarbeitet. Wenn jemand auf der immateriellen Ebene etwas intensiver kontaktiert wird, was beispielsweise einem vertrauten Objekt am nächsten kommt, dann gibt es viele Möglichkeiten der Darstellung. Der eine Mensch wird das vertraute Objekt mit Eltern darstellen. Ein anderer wiederum träumt unter diesen Umständen von Freunden. Vielleicht ist eine Person mehr auf Sachwerte spezialisiert und träumt daher von ihrem zuverlässigen Auto. Bei verschiedenen Personen können gleiche Inputs komplett andere Träume und Assoziationen hervorrufen. Daher ist es nur logisch, dass man aus den Träumen bedingt auch auf die Person schlussfolgern kann. Wenn in Träumen überwiegend Darstellungen von Gewalt eine Rolle spielen, dann sind diese Gedanken eben im Geist vorherrschend und werden somit zur Darstellung bevorzugt eingesetzt.

Damit ist auch zu erklären, warum wir bei aktuellen Problemen viel zu diesem Thema träumen. Ein großer Teil unserer geistigen Kapazität ist auf ein bestimmtes Problem gerichtet. Wir betrachten daher alles im Kontext dieses Problems. Auf diese Weise wird der Traum mit verschiedenen Elementen des Problems dargestellt. Oft ergeben sich daraus neue Konstellationen und Zusammenschlüsse, welche eine sinnvolle neue Sichtweise auf das bestehende Problem zur Folge haben und somit eine kreative Lösung anbieten. Ein positiver Nebeneffekt der Darstellung der Träume. Unterstützend dafür ist, dass unser Gehirn versucht einen halbwegs logischen Zusammenhang aus den Darstellungen zu kreieren.

Wir scheinen den Inputs unserer Träume recht hilflos ausgeliefert zu sein. Daher können wir diese nur passiv registrieren und versuchen diese im Nachhinein zu verstehen. Die aktive Erforschung aus unserer materiellen Realität heraus ist uns im

Normalfall nicht möglich, da unser materielles Verständnis inaktiv ist. Das ist ein großes Problem für die Erweiterung des Horizonts in diesem Bereich. Denn was auch immer wir auf dieser fremden Ebene erleben, wir müssen es zurück lassen. Wir können diese Erfahrung nicht in unsere Welt mitnehmen, da wir uns unserer Welt dort nicht bewusst sind. Vielleicht sind wir das auch und uns fehlt der bestimmte Pfad dazu. Gleichgültig wie die Begründung auch lauten mag, die Lösung dazu liegt in der Bewusstheit während des Schlafens.

2.3. Was sind bewusste Träume?

Und damit kommen wir zu dem Geheimnis der luziden Träume. Als luzide Träume bezeichnen wir ganz oberflächlich gesagt Träume, in welchen wir uns bewusst sind, dass wir träumen. Da wir in diesem Buch das Bewusstsein als etwas Größeres als unser materielles Bewusstsein betrachten, müssen wir diese Definition auch in ein anderes Licht rücken. Das Problem dieser Definition ist nämlich, dass sie das Bewusstsein als reines Konstrukt unserer materiellen Welt betrachtet. Wir wissen bereits, dass dies nicht der Fall ist. Bewusstsein beschreibt weit mehr, als nur Bestandteile unserer Realität. Dessen dürfte sich jeder, der sich ernsthaft damit auseinandersetzt, klar sein.
Was sind bewusste Träume dann? Betrachten wir zur Hilfe folgende Grafik:

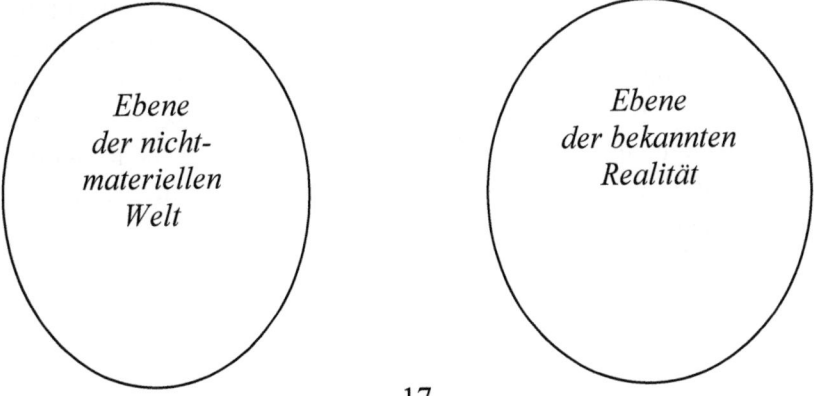

Diese Darstellung ist nur eine bildliche Hilfe. Diese beiden Ebenen sind keinesfalls so klar voneinander zu trennen. Ebenso gehe ich davon aus, dass es nicht nur diese beiden Ebenen der Existenzen gibt. Aber es sind die beiden Bereiche, welche uns in diesem Buch interessieren.

Erst einmal zu dem Begriff Bewusstsein. Ich gehe davon aus, dass das Bewusstsein in beiden Ebenen vollständig existiert. Das Problem jedoch ist, dass die beiden Ebenen untereinander keinen direkten Informationsfluss haben. Wenn wir träumen, dann befinden wir uns in der nichtmateriellen Welt. So wie wir aus unserer bekannten Realität die Welt der Träume verarbeiten, eben befremdlich und unverständlich, so erfahren wir aus Sicht der nichtmateriellen Welt unsere bekannte Realität.

Es gibt jedoch Konstellationen, welche diese beiden Ebenen verbinden. Sie werden von einem Gefühl der Erfüllung begleitet. Dieses Gefühl ist uns durch die Empfindung eines Deja Vu vertraut. Fast jeder hat es schon erlebt, aber keiner kann es erklären. Es ist fremdartig und zugleich erfüllend in seiner Wirkung. Leider verfliegt es so plötzlich, wie es uns erschienen ist. Für kurze Zeit zeigt sich uns eine Verbindung, welche seltsame Schlüsse zur Folge hat. Wir fühlen, dass uns ein fremder Ort vertraut ist. Wir erleben eine Situation, welche uns bereits bekannt ist. Es ist wie eine Wiederholung einer Serie, nur mit einem Gefühl der Fremdartigkeit begleitet. In der nicht-materiellen Welt sind Informationen vorhanden. Alles ist in einer Art Wissensspeicher überall. Wenn wir diese Welt anzapfen, dann scheinen wir etwas bereits zu wissen. Da dieses anzapfen nur Bruchteile vor dem eigentlichen Ereignis stattfindet, kann sich der Effekt auch nicht ausleben. Es ist nicht dokumentierbar und verfliegt sehr schnell. Daher können wir es nicht richtig greifen und auch nicht genauer untersuchen. Wir gewinnen jedoch einen kurzen Einblick in die immaterielle Welt. Und das ist immer ein besonderer Moment.

Ein bewusster Traum ist ein ähnlicher Moment, nur von der anderen Seite. Unser Bewusstsein befindet sich zu der Zeit auf der Ebene der nichtmateriellen Welt. Daher müssen auch alle Ereignisse, welche unser Bewusstsein als Ganzes betreffen, ihren Ursprung in eben dieser Welt haben. Wenn wir ein Deja Vu erfahren, dann können wir nur mutmaßen, was wir aus Sicht der immateriellen Welt dabei empfinden. Wenn wir einen luziden Traum haben, dann wissen wir genau, was wir aus Sicht unserer bekannten Realität durchleben. Über dieses Thema wurden bereits unzählige Bücher verfasst. Genauso viele Bücher wurden ebenfalls über diverse Techniken publiziert, um derartige Träume zu erschaffen. In meinem Buch „Die Realität der Träume = die Welt der Quantenmechanik" gehe ich besonders detailliert auf diese Übereinstimmungen ein. Es ist wirklich verblüffend.

Zusammenfassend können wir also sagen, dass wir uns im Traum der Existenz der materiellen Welt bewusst werden. Diese Erleuchtung in der anderen Welt sorgt für luzide Erfahrungen, welche uns Einblicke in diese Welt verschaffen. Ist die Brücke einmal geschlagen, so gelangen viel leichter Informationen in unser materielles Gedächtnis. Daher können wir uns an luzide Träume auch so genau erinnern. Allerdings bleiben diese Eindrücke noch immer durch unsere materielle Brille gefiltert. Das bedeutet, dass dessen Darstellung nur mit bekannten Bildern funktionieren kann.

Da die Welt der Informationen, orientiert an den Erkenntnissen der Quantenmechanik, durch das Bewusstsein gesteuert wird, können wir diese Welt auch aktiv beeinflussen. Wer im Traum luzide ist, der kann diesen Traum auch steuern. Dabei müssen nur einige Dinge beachtet werden. Unter 2.5. gehe ich genauer darauf ein. Es ist daher möglich mit unserem materiellen Bewusstsein durch die „Landschaft" der immateriellen Welt zu streifen und dort seinen Horizont zu erweitern. Das macht luzide Träume aus. Dieser Zugang muss von der Seite der nichtmateriellen Welt erlangt werden.

2.4. Was geschieht, wenn wir im Traum bewusst werden?

Ich habe es bereits angedeutet. Wenn wir im Traum bewusst werden, dann erkennen wir lediglich die Existenz der materiellen Welt. Unser materielles Bewusstsein dringt in die Welt der Träume, die immaterielle Welt, ein. Warum wirkt dies so magisch und befreiend? In unserer materiellen Realität gibt es Naturgesetze und Beschränkungen. Die Konstanten unserer Realität habe ich bereits an anderer Stelle erwähnt. Ich möchte diese aber dennoch ins Gedächtnis rufen. Wir sind in der materiellen Welt an die Schranken unserer Zeit gebunden. Dies bedeutet, dass wir eine begrenzte Geschwindigkeit aufweisen. Daraus resultiert eine Beschneidung im Umfang der Erkenntnis über unsere Welt. Ein anderes Dogma ist die Lokalität. Wir können nur Dinge beeinflussen, welche wir in irgendeiner Form, direkt oder indirekt, berühren. Zu diesen Berührungen zählen auch elektromagnetische Wellen und Schallwellen. Wir unterliegen außerdem den Gesetzmäßigkeiten der Kausalität. Alles was wir tun, beeinflusst unser Umfeld unwiderruflich. Da sich der Zeitstrahl in nur eine Richtung zu bewegen vermag, können auch Abfolgen in nur diese eine Richtung geschehen. Zudem sind wir in unserer materiellen Realität vergänglich. Wir beginnen zu existieren und hören dann wieder auf. Zumindest auf der Ebene der materiellen Realität, diese Einschränkung müssen wir immer im Hinterkopf behalten.

Wir können also zusammenfassend sagen, dass die Gesetze der materiellen Welt beschränkend auf uns wirken. Zumindest aus der Sicht von uns materiellen Geschöpfen. Auch in der immateriellen Welt wird es Naturkonstanten geben. Wie diese aussehen, darüber können wir nur spekulieren, da uns diese Welt total fremd ist. Alle Welten, welche nicht unseren Naturkonstanten unterliegen sind uns fremd, daher aus gewisser Sicht auch nicht existent, zumindest für unseren begrenzten Horizont. Eine wesentliche Konstante wird sein, dass die Zeit nicht vorhanden ist. Nun kann man es sich nicht so einfach machen, dass wir das Pendant der Zeit einfach mit dessen Negation bilden. Das Gegenteil von Liebe ist auch nicht keine Liebe, sondern Hass. Beides sind Begriffe, welche wir im Geiste fassen können. Das Gegenteil von Zeit können wir nicht fassen. Genauso handhaben wir es mit dem Pendant zum Begriff materiell. Wir sagen einfach immaterielle, also verwenden wir dessen Negation. Bei Zeit und Materie liegt der Grund für diese behelfsmäßige Negation in unserem eingeschränkten Horizont. Wir können die jeweiligen Gegenstücke nicht betiteln, da es für uns kein Wort dafür gibt. Daher müssen wir uns mit der simplen Negation vorerst zufrieden stellen. Was könnte das Nichtvorhandensein von Zeit, also die Existenz des zeitlichen Gegenstücks, bedeuten? Es gibt keine Zeit, also auch keine Erinnerungen. Somit gibt es kein Anfang und kein Ende und immer nur den Augenblick. Wir legen keine Entfernung zurück, da diese einen Zeitstrahl voraus setzen. Wir befinden uns quasi überall, handeln rein intuitiv und empfinden nur den Moment. Es ist uns nicht möglich uns zu verbessern und zu entwickeln, denn unser Gedächtnis fehlt und somit die Fähigkeit zu lernen. Dies ist ebenfalls eine Form der Beschränkung, auch wenn es für uns geistig nicht integrierbar ist. Stellen Sie sich doch mal ein Leben vor, in welchem Sie alles binnen einiger Stunden vergessen. Sie müssten versuchen Erfahrenes irgendwie zu speichern, um darauf zurückgreifen zu können. Gleichzeitig müssen Sie ebenfalls wissen, dass Sie darauf zurückgreifen sollten. Vielleicht ist eine derartige Rolle unserer materiellen Realität zuzuschreiben? Sind die Fähigkeiten unserer Realität nicht die ideale Ergänzung zu einer immateriellen Welt? Vielleicht sind wir die Schöpfung eben dieser Ebene, da sich mit unseren Strukturen Wissen endlich sammeln lässt? Eine durchaus überlegenswerte Frage. Es würde zumindest die evolutionären Fragen, welche Darwin's Evolutionstheorie nicht erklären kann, besser verständlich machen. Denn es ist nicht geklärt warum sich alles so entwickelt wie es sich entwickelt. Es muss einen hintergründigen Bauplan geben, welcher auf ein Ziel hinsteuert. Denn derartige Evolutionssprünge, wie sie sich in der Geschichte der Erde ereignet haben, sind nicht mit Darwins Publikation vereinbar.

Kommen wir nun zu der anfänglich gestellten Frage zurück: „Warum wirkt es befreiend, wenn wir im Traum Bewusstheit erlangen?" Es ist das Fallen unserer Grenzen und das merkliche Betreten einer neuen Welt. Unsere Konstanten, welche uns einschränken, fallen in der anderen Realität. Wir können sofort überall sein, unsere Umwelt mit Gedanken erschaffen und einfach nur empfinden, ohne uns Sorgen über unser Handeln zu machen. Wenn etwas unangenehm ist, dann ignorieren wir es – und es verschwindet. Wissen ist gleichzeitig überall vorhanden, wir brauchen nur darüber nachzudenken. Bereits bei diesem Schritt spüren wir wieder die Grenzen der materiellen Welt, denn nachdenken können wir nur über Dinge, welche wir schon kennen. Daher kann ein luzider Traum allein nicht den Horizont erweitern. Wir können nur einsetzen was wir wissen. Wir können uns ausleben und spannende Erfahrungen machen. Eines können wir jedoch nicht, wir können uns nicht entwickeln. Wenn wir nur luzide sind, dann fehlt uns das wichtige Element der Informationssammlung, was Stillstand zur Folge hat. Dazu bedarf es einer Kombination beider Realitäten. Jede für sich ist recht beschränkt in ihren Möglichkeiten, aber eine Kombination aus beiden kann die Transzendenz des Individuums und des Bewusstseins zur Folge haben.

2.5. Die materielle und nichtmaterielle Welt vereinen.

Wir haben bereits erkannt, dass beide Welten ganz besondere Eigenschaften haben, welche sie für Besucher aus der jeweiligen anderen Welt besonders „magisch" machen. Die nichtmaterielle Welt mit ihrer Freiheit und den grenzenlosen Möglichkeiten. Die materielle Realität hingegen mit ihrer Möglichkeit der Entwicklung, des Aufbaus und dem Erlangen von Erkenntnis. Ohne in diesem Abschnitt Möglichkeiten für ein derartiges Gelingen zu offerieren, möchte ich lediglich die Bedeutung eines solchen Schrittes darstellen. Ansätze und Variationen für diese Erweiterung des Horizonts werden im späteren Teil des Buches folgen.

Das Problem bei unseren derzeitigen Kombinationen dieser beiden Ebenen liegt darin, dass diese nicht kontrolliert stattfinden. Daje Vu und luzide Träume tauchen spontan auf. Zudem fehlt uns in diesen Momenten die nötige Klarheit, um weiterbringend mit dem Erlebnis umgehen zu können. Wir sind viel mehr in der Rolle des staunenden Zuschauers. „Wann höre ich auf zu staunen und beginne zu verstehen" (Zitat: Isaac Newton). Weise Worte, wenn man bedenkt, was das Staunen in diesen Momenten ausdrückt. Zunächst drückt es die Gewissheit aus, dass wir etwas Besonderes erleben, etwas was nicht in unsere klassische Erfahrung passt. Dies zu erkennen ist zunächst positiv zu bewerten. Weiterhin drückt das Staunen Ratlosigkeit aus. Diese Ratlosigkeit ist unserer Unwissenheit geschuldet, welche aus unserem klassischen Weltbild resultiert. Folglich müssen wir unser Weltbild verändern, damit wir diese Dinge beginnen zu verstehen. Ich möchte Sie an dieser Stelle unbedingt nochmals auf mein Buch „Die Realität verstehen lernen – ein erster Schritt" hinweisen. Dort gehe ich sehr speziell auf verschiedene Wissenschaften und die entsprechenden Resultate ein. Ihr Blick auf unser standardisiertes Weltbild wird dabei neu geformt. In diesem Buch soll das Thema eine untergeordnete Rolle spielen.

Wenn es uns gelingt eine kontrollierte Verbindung beider Ebenen zu schaffen, dann erfahren wir Ganzheit und Wissen. Es ist nicht zu erklären. Es wird Vieles klar, ohne darüber nachzudenken. Alles scheint einfach und in sich schlüssig zu sein. Wenn diese Verbindung jedoch wieder getrennt wird, dann hallt dieses Gefühl zwar noch etwas nach, wird aber verfliegen. Nach einigen Tagen sind wir wieder an der Stelle, an welcher wir vor dem Erlebnis gewesen sind. Es gilt daher unbedingt nicht nur zu lernen diesen Weg zu finden, sondern diesen auch zu gehen. Es muss uns gelingen Erfahrungen aus der nichtmateriellen Welt in unsere Realität zu bringen. Wenn wir das schaffen, dann haben wir nicht nur neues Wissen gespürt, sondern wir haben es geschafft dieses zu speichern. Wissen und Erkenntnis erfahren und dies entsprechend zu speichern, das muss unser Weg sein.

Ich habe es bereits mehrfach angedeutet, dass die Inputs der anderen Realität immer vorhanden sind. Wir schaffen jedoch nur in der Nacht auf diese zuzugreifen. Dies gelingt, weil unsere Sinne keine Aufmerksamkeit benötigen. Daher ist auch die Aufmerksamkeit auf ein Minimum reduziert. Wiederum benötigen wir aber entsprechende Aufmerksamkeit, um uns im Bereich der nichtmateriellen Welt zu orientieren. Dieser Kreislauf muss an einer Stelle unterbrochen werden. Diese Stelle ist ganz klar die Aufmerksamkeit. Man kann es auch Klarheit oder Bewusstheit nennen, der Name ist gleichgültig. Mit Verstand in die nichtmaterielle Welt vorstoßen, dies führt zur Vereinigung beider Ebenen, aus Sicht unserer Realität. Ob wir diese Vereinigung unwissentlich auch von der anderen Seite anstreben, kann hier nicht geklärt werden. Es spielt auch keine Rolle. Wir sollten aus unserer Perspektive versuchen die nichtmaterielle Welt anzuzapfen. In diesem Buch behandle ich dazu primär die bewussten Träume. Jedoch gehe ich auf deren Entwicklung und Zusammenhänge nur ansatzweise ein, da eine ausführliche

Bearbeitung in meinem Buch „die Realität der Träume = die Welt der Quantenmechanik" vorhanden ist.

2.6. Ein Abstecher zu den luziden Träumen.

Obwohl es mir in diesem Buch primär um das Verständnis für die Inputs der Träume im Wach- sowie im Schlafzustand geht, halte ich eine Behandlung der luziden Träume für wichtig. Ich möchte jedoch gleich vorab sagen, dass es sich um eine oberflächliche Beschreibung handelt. Eine intensive Darstellung dieser Thematik habe ich in meinem bereits benannten Buch publiziert.

Wir wissen, dass es sich bei luziden Träumen um Träume handelt, in welchen wir uns der materiellen Welt bewusst sind. Aus Sicht unserer materiellen Welt können wir diese wie folgt beschreiben: Wir haben unser materielles Gedächtnis für den aktiven Empfang der Inputs aus der nichtmateriellen Welt modifiziert oder sensibilisiert. Es ist wichtig, dass wir verstehen was geschieht, wenn wir luzide werden. Wenn wir dies begreifen, dann resultiert daraus ein Verhaltenspotenzial, welches uns den Umgang damit viel besser ermöglicht.

Wie schaffen wir es derartige Traumerfahrungen zu machen? Zunächst müssen wir uns die Art der Klarheit im Traum verständlich machen. Es ist ein schleichender Übergang von unbewussten zu bewussten Träumen (Ich bleib bei der Verwendung von bewusst und unbewusst, da sich dies in unserer Sprache etabliert hat.). Bitte betrachten Sie sich dazu folgende Grafik.

unbewusst   *bewusst*

Wenn wir einen Traum ganz links auf dem Pfeil einstufen, dann hat er gar keinen merklichen Einfluss auf uns. Wir können uns nicht einmal an diesen Traum erinnern. Wenn wir einen Traum jedoch weiter Richtung Mitte einordnen, dann können wir uns an kleine Episoden erinnern. Weiter rechts kommen wir in den Bereich der Klarheit im Traum selber. Ganz rechts auf der Skala wäre die Bewusstheit dann bei nahezu 100%, so wie im bekannten Alltag. Jeder Traum weist eine bestimmte Ausprägung der Einsicht aus der materiellen Perspektive auf. Unsere Aufgabe besteht somit darin, alle beeinflussenden Indikatoren zugunsten der Traumbewusstheit zu fördern. Folgende Darstellung beschreibt einmal die wichtigsten Indikatoren für luzide träume.

Wer mein Buch „Die Realität der Träume = Die Welt der Quantenmechanik" kennt, dem wird auch diese Grafik vertraut sein. Dort gehe ich auch genauer auf die einzelnen Punkte ein, weshalb ich darauf in diesem Buch verzichten werde. Es ist mir nur wichtig, dass Ihnen das Zusammenspiel klar wird. Um luzide Träume zu haben geht es nicht darum diese neue Fähigkeit zu erlernen. Es ist wichtig seine Wahrnehmung und seine Art des Denkens zu modifizieren, um die Wahrscheinlichkeit für luzide Träume zu erhöhen.

Wenn wir es geschafft haben luzide zu werden, dann ist der erste wichtige Schritt getan. Danach werden Sie einige Male die bedauerliche Erfahrung machen, dass Sie den luziden Traum verlieren. Warum ist das so? Wir können diese Träume steuern, was eine sehr spannende Erfahrung ist. Jedoch bedeutet aktive Veränderung des Traumes erhöhte Konzentration. Wenn wir im Traum jedoch zu konzentriert werden, dann erwachen wir. In diesem Moment schenken wir der materiellen Realität zu viel Aufmerksamkeit, was uns den Pfad zur nichtmateriellen Welt verlieren lässt. Es ist daher unbedingt nötig diese Gradwanderung zwischen materieller Bewusstheit und immaterieller Bewusstheit zu meistern. Wenn wir unsere Konzentration zu sehr herunterfahren, dann verlieren wir nämlich auch den luziden Traum. Wir wachen zwar nicht auf, aber wir verfallen wieder in die typische Form der Träume. Anfänglich ist diese Gradwanderung recht mühevoll und bedarf geistiger Anstrengung, was zwangsläufig zu Misserfolg führt. Mit der Zeit jedoch, es ist wie beim Auto fahren, wird es einfacher. Sie haben keine Mühen mehr diesen schmalen Weg zwischen diesen beiden Ebenen zu gehen. Es ist eine Frage der Geduld. Geduld resultiert aus dem Wissen, dass man genügend Zeit für eine Aufgabe hat. Und diese Zeit haben Sie genügend, denn Sie schlafen jeden Tag ca. 6-8 Stunden. Setzen Sie sich also nicht unter Druck, dann werden Sie auch Erfolg haben.

Die Darstellung der Problematik mit der Konzentration wirft eine andere Frage auf. Sollte man den Traum wirklich versuchen zu beeinflussen? Wenn wir den Traum beeinflussen, dann verändern wir eine Welt, welche wir beobachten wollen. Außerdem erfordert die Beeinflussung eine weitaus höhere Konzentration, als beispielsweise das passive Beobachten. Ich vertrete ganz klar die Ansicht, dass die aktive Beeinflussung nicht das Ziel sein kann. Wir sollten den Traum nicht verändern. Die längsten luziden Träume, welche ich erlebt habe, sind immer jene gewesen, welche ich habe einfach laufen lassen. Das passive Betrachten der Ereignisse erfordert auch Aktivität des materiellen Geistes, aber wenig genug, dass wir nicht erwachen. Die Träume sind dann zumeist wirrer und sehr fremd, aber sie werden beeindruckender. Wer transzendente Erfahrungen in seinen Träumen erleben möchte, der muss lernen auf seine materiellen Träume zu verzichten. Damit meine ich Folgendes. Wenn wir einen Traum steuern, dann versuchen die meisten Menschen sich irgendwelche Wünsche der materiellen Realität zu erfüllen. Egal ob es sich um Besitztümer, sexuelle Phantasien oder andere Erlebnisse handelt. Es sind materielle Träume, welche in der immateriellen Welt nichts zu suchen haben. Daher müssen wir diese auch fern halten, um den Traum tatsächlich in seiner Magie und seinen Möglichkeiten zu nutzen.

Wenn Sie es geschafft haben einen luziden Traum zu erleben, dann notieren Sie sich das nach dem Erwachen. Im Allgemeinen können wir uns umfassend an luzide Träume erinnern, was der Aktivität des materiellen Bewusstseins geschuldet ist. Daher sind Notizen sehr gut durchführbar. Besonders wichtig sind dabei Aufzeichnungen über die Art und Weise wie Sie luzide geworden sind. Außerdem sollten Sie Beobachtungen darüber anstellen, wie Sie den luziden Traum wieder verloren haben. Bei welchen Elementen dies geschehen ist, wenn Sie ihn gesteuert haben oder ob Sie ihn einfach wieder im Traum verloren. Ich kann Ihnen versprechen, dass dabei erstaunliche Geschichten entstehen. Jeder luzide Traum ist etwas Besonderes für sich und jedem dieser Träume kann der Träumer etwas abgewinnen.

Kapitel 3: Inputs für Traumgeschichten

In diesem Kapitel möchte ich mich der Natur der Trauminputs widmen. Was sollen diese Inputs sein und wie erzeugen Sie diese Traumgeschichten? Die Resultate dieser Inputs, unsere Träume, sind mitunter derart komplex und in manchen Fällen erleuchtend, dass es sich lohnt die Ursache zu erkunden. Wir werden diese nicht gänzlich verstehen können, da wir auf einer ganz anderen Ebene existieren. Aber wir können uns Hilfen bedienen, welche uns eine Vorstellung davon geben, was dort auf uns wirkt. Eine der wichtigsten Elemente zum Verstehen von fremdartigen Zuständen sind Analogien.

3.1. Durch Analogien sein Wissen erweitern

Wie erlernen wir neues Wissen und entwickeln Verständnis für neuartige Abläufe? Wenn wir beispielsweise die Größe eines Objektes angeben, dann haben wir 2 Möglichkeiten. Wir setzen das unbekannte Objekt ins Verhältnis zu einem bekannten Objekt (der Baum ist nicht ganz so groß wie dieses Haus) oder wir geben eine genaue Maßzahl an. Jedoch ist auch die genaue Angabe einer Maßzahl nichts weiter als ein Vergleich. Wenn wir sagen, dass ein Baum 13m hoch ist, dann ziehen wir die bekannte Entfernung (1m) zum Vergleich heran, indem wir sagen, dass dieser Abschnitt 13mal in der Baumlänge vorhanden ist. Somit ist es offensichtlich, dass wir selbst bei bekannten Größen mit Vergleichen arbeiten.

Wenn wir zudem die etwas eigenartige Farbe des Baumes beschreiben wollen (nehmen wir an, diese Farbe ist recht untypisch und den beiden Gesprächspartnern in ihrer Ausprägung nicht bekannt), dann bedienen wir uns offensichtlicheren Vergleichen. „Die Blätter haben ein ähnliches grün wie diese Wiese da, nur etwas heller und gemustert, so wie die Zähne einer Heugabel." Bei Beschreibungen fremdartiger Dinge bedienen wir uns immer dem Mittel der Analogie. Dies bedeutet, dass wir bekannte Elemente heranziehen, um Gemeinsamkeiten für eine gewisse Grundlage zu vermitteln. Daraus folgend machen wir die Unterschiede deutlich, um die Besonderheit des neuen Objektes hervorzuheben. Diese Art der Beschreibung ist unsere einzige Methode, um unbekannte Elemente zu vermitteln. Dazu zählen neben Objekten auch Erfahrungen, Gefühle, Empfindungen, Geräusche, Geschmäcker, Gerüche und Charaktereigenschaften.

Analogien sind ein Grundelement unseres Gehirns, um seine Umwelt zu verstehen. Diese Methode funktioniert in unserer materiellen Welt. Es kann gut möglich sein, dass in anderen Ebenen der Existenzen auch andere Methoden funktionieren. Aber diese Methoden sind uns unbekannt, denn wir kennen diese nur bei Klarheit in eben dieser anderen Ebene. Würden wir diese Information in unsere materielle Welt bringen wollen, dann müsste sie auch dementsprechend durch Analogien vermittelt werden. Denn wir verstehen Neues nur anhand von derartigen Vergleichen. In Träumen geschieht so etwas permanent. Unser Gehirn erfährt einen Input, worauf hin es versucht diesen Input zu verstehen. Eigene Analogien kann es nur aufgrund von bereits gemachten Erfahrungen bilden, weshalb dieser Input in Elemente unserer Realität transformiert werden muss. Je mehr wir wissen und je umfangreicher unser Erfahrungsschatz ist, desto mehr Analogien stehen uns zur Verfügung. Mehr Analogien implizieren komplexere Möglichkeiten für entsprechende Darstellungen, woraus genauere Beschreibungen resultieren. Zum Beispiel können Sie einer Person, welche taub ist, ganz schwer den Klang eines Geräusches vermitteln. Wenn diese Person jedoch ein gutes Gehör hat, dann fällt es Ihnen viel leichter, da Sie ein Geräusch direkt mit anderen Geräuschen in Verbindung bringen können.

Diese Tatsache scheint vollkommen klar, jedoch vermittelt sie genau das grundlegende Problem. Um die andere Realität verständlich dazustellen, müssten wir über entsprechende Analogien verfügen. Da es sich um eine uns vollkommen fremde Welt handelt, fehlen uns die passenden Analogien. Unser geistiger Horizont reicht einfach nicht aus, um aufschlussreiche Darstellungen der anderen Realität zu vermitteln. Wir besitzen nur die Elemente unserer materiellen Realität, welche der komplexen Fremdartigkeit dieser anderen Welt nicht gerecht werden können. Das ist ein großes Dilemma, denn wir scheinen in einer Sackgasse zu stecken. Einer Person, welche von Geburt an blind ist, können wir nicht die optischen Reize eine Farbe vermitteln. Wir können die ruhige Wirkung einer Farbe vielleicht in Bezug zu der ruhigen Wirkung einer Melodie setzen, aber auch dies bleibt nur eine ferne Annäherung.

Um fremde Realitäten zu begreifen, benötigen wir eine andere Art Dinge zu verstehen. Die Inputs der nichtmateriellen Welt vermögen eine solche Art der Informationsverarbeitung und Horizontserweiterung zu vermitteln, aber wir müssen diese auch verinnerlichen können. Dazu ist es das Ziel, dass wir beide Ebenen in uns vereinen können und diese neue Erfahrung als selbstständige Erinnerung im Gedächtnis behalten. Die Beschäftigung mit Träumen und deren ursächlichen Inputs sorgt direkt für eine Erweiterung des eigenen Verständnissen, was ein Verhaltenspotenzial zur Folge hat, mit welchem wir Neues auch auf anderen Ebenen erlernen können. Auch wenn uns derzeit noch die passenden Analogien fehlen, so werden wir mit jedem luziden Traum, mit jedem Deja Vu oder anderen derartigen Erfahrungen unsere Empfängnis dafür verbessern und irgendwann die Inputs verstehen. Selbst wenn wir in unserer materiellen Welt immer mit materiellen Analogien arbeiten müssen, werden wir mit der Zeit lernen diese besser zu deuten und zu begreifen. Dafür ist lediglich Geduld, Offenheit und Verständnis nötig.

3.2. Was ist die andere Ebene?

Wie unter 3.1. bereits vermittelt, werden wir keine zufrieden stellende Definition der anderen Ebene finden können. Ursache ist der bereits erwähnte beschränkte Horizont, mit welchem wir unsere Umwelt erfassen. Doch was kann uns dann ein Gefühl oder eine Einsicht dafür geben, wie wir mit dieser anderen Ebene umgehen sollen? Grafiken, um die Andersartigkeit dieser anderen Ebene dazustellen, kann man viele liefern. Alle Darstellungen suggerieren eine Art Dualität, welche das Pendant zu unserer materiellen Welt beschreibt. Solche Darstellungen mögen für uns einleuchtend sein, daher verwende ich sie auch oft in meinen Büchern. Aber auch diese werden durch unsere Art der Wahrnehmung definiert. Wir denken immer in dualer Form. Wenn etwas groß ist, dann muss es etwas Kleines geben. Etwas Schönes kann man nur als solches bezeichnen, wenn es auch etwas Hässliches gibt. Diese Art des Verständnisses hat sich bewährt. Aber ist sie deshalb universell?

Folgende Darstellung stammt aus einem meiner älteren Bücher:

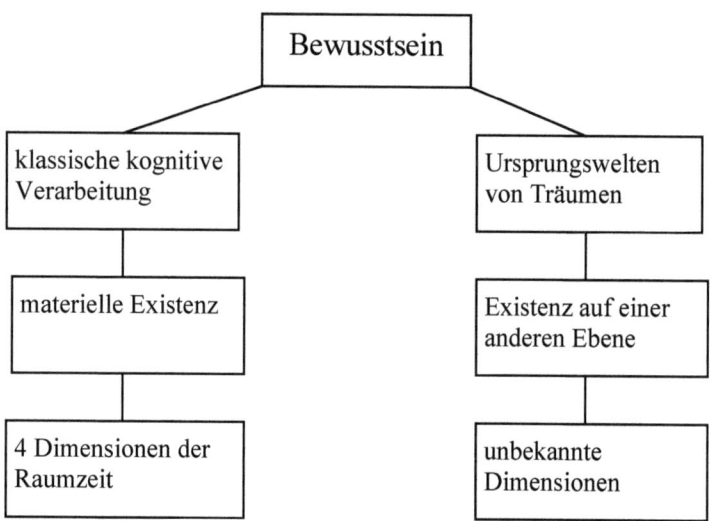

In dieser Grafik steht das Bewusstsein, so wie ich es als Ganzes betrachte, über den Teilbereichen der materiellen und immateriellen Existenz. Wenn wir es mal ganz genau betrachten, machen wir mit der Betrachtung der dualen Form schon den ersten Schritt zu einem Fehler. Wir setzen nämlich die zu erforschende neue Ebene gleich in einen Kontext zu unserer Realität, basierend auf unserem Verständnis, welches seine ganzen Axiome, Gesetze und Regeln nur aus der materiellen Welt bezieht. Das Dilemma daran ist, dass wir keine andere Möglichkeit haben. Wir müssen diese Form der Darstellung wählen, da sie uns am besten die

Fremdartigkeit der anderen Realität verdeutlicht. Es gibt natürlich auch andere Formen der Interpretation. Folgende Grafik wählt dabei einen interessanten Ansatz.

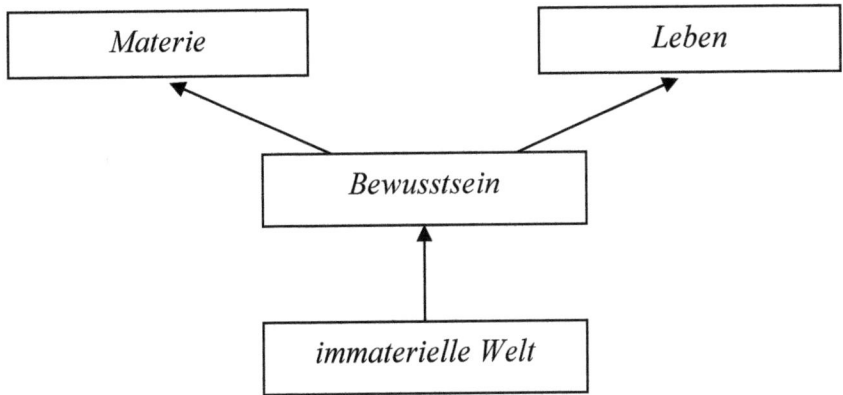

Die immaterielle Welt wäre demnach die Basis. Aus ihr entspringt eine Form des Bewusstseins, oder Energie, welche Informationen beinhaltet. Wir wissen aus der Quantenmechanik, dass Wissen, oder Bewusstsein, Materie erschafft (Welle-Teilchen Dualismus). Daher entsteht aus Bewusstsein Materie und Leben. Diese Grafik ist recht simpel gehalten, da sie im Grundgedanken her etwas Bestimmtes aussagen soll. Sämtliche Erkenntnisse würden die Struktur dieser Grafik ebenso stützen, wie meine bevorzugte Betrachtung der Dualität. Jedoch impliziert diese Grafik einen Fakt, welchen ich nicht bereit bin zu akzeptieren. Sie stellt die materielle Welt über die immaterielle Welt. Ich gehe fest davon aus, dass beide Ebenen gleichwertig sind. Daher ist eine derartige hierarchische Betrachtung gefährlich.

Wie tatsächlich die Beschaffenheit der vielen Ebenen ist, das können wir noch nicht erfassen. Es wird vielleicht eine Mischung zwischen beiden Grafiken geben, welche die Tatsache noch besser trifft. Eventuell gibt es dort noch einige Stufen, welche mit integriert werden müssten. Wir wissen es nicht. Und dessen, das ist das Wichtige daran, müssen wir uns immer gewahr sein. Unsere Vorstellung über die fremde Ebene sollte möglichst einflussfrei und mit offenem Geiste erfolgen. Daher sehe ich die duale Sichtweise in jedem Fall favorisiert. Nicht weil sie besser in unser Weltbild passt, sondern weil sie die immaterielle Welt als eigenständige und der unseren Realität gleichwertige Realität darstellt.

3.3. Woher kommen die Ursachen der Träume?

Träume sind das Produkt aus zwei verschiedenen Bereichen. In der folgenden Grafik wird dies verdeutlicht.

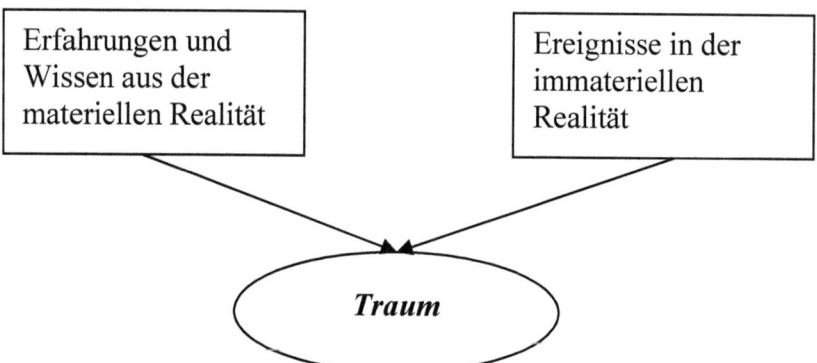

Beide Elemente erzeugen das Traumerlebnis. Eine entscheidende Frage dabei ist, was wir als Ereignis in der immateriellen Realität beschreiben. Da sich der Begriff von Ereignissen auf unseren materiellen Erfahrungsschatz stützt, bleiben uns nur 2 Möglichkeiten. Entweder wir erweitern den Begriff des

Ereignisses radikal, sodass er auch Veränderungen auf Bewusstseinsebene impliziert, oder wir benutzen einen neuen Begriff dafür. Nach meiner Meinung ist es verständlicher, wenn wir einen anderen Begriff dafür einsetzen. Man könnte es zum Beispiel Fluktuationen nennen, ähnlich wie Quantenfluktuationen aus dem Bereich der Quantenmechanik. Sehr einfach ausgedrückt handelt es sich dabei um kleine energetische Schwankungen ohne feste materielle Substanz.

Das zweite Element unserer Traumerschaffung sind Erfahrungen und Wissen aus der materiellen Realität. Wie schon ausreichend erörtert bedienen wir uns unserem Wissen, um durch Analogien neue Dinge darzustellen. Die Fluktuationen, welche uns erreichen, werden am besten mit den entsprechenden Bildern symbolisiert.

Der Begriff Fluktuationen in der immateriellen Welt erzeugt die Gefahr, dass wir diese Welt abwerten und eben doch in einer Rangordnung unter unserer ansiedeln. Davor möchte ich jedoch ausdrücklich warnen. Unsere gesamte bekannte Realität ist eine Folge aus Erschaffung von Materie nach den Gesetzen der Quantenmechanik. Diese besagt eindeutig, dass Materie durch Beobachtung entsteht (Welle-Teilchen Dualismus). Es ist absolut denkbar, dass wir eine andere, vielleicht sogar materielle, Realität mit unserem Bewusstsein berühren. Da wir primär in unserer Realität existent sind, spielen die entsprechenden Inputs eine untergeordnete Rolle, weshalb wir diese nur in Ruhe realisieren.

Eine Form von Verschränkung in andere Welten, welche ebenso wie unsere aus der Quantenwelt entstanden sind, ist ebenfalls absolut im Bereich des Möglichen. Wir kennen das Phänomen der Verschränkung aus der Quantenmechanik. Demnach sind Teilchen (Elektronen) direkt und ohne jeglichen Zeitverlust miteinander verbunden, selbst wenn diese tausende von Lichtjahren voneinander entfernt sind. Wenn das eine Elektron eine Veränderung erfährt, so reagiert ebenfalls das andere ohne zeitlichen Verlust darauf. Die maximale Geschwindigkeit (Lichtgeschwindigkeit) wird in dieser fremden Welt nicht beachtet. Derartige Verschränkungen erscheinen uns vollkommen fremd und absolut nicht möglich. Aber es gibt diese nun einmal. Verschränkungen in andere Dimensionen erscheinen uns ebenfalls als hochgradig illusorisch. Das muss jedoch nicht bedeuten, dass dies nicht möglich ist. Im Gegenteil, es würde so manche seltsame Traumerfahrungen erklären.

Es ist sehr wichtig, dass Sie erkennen wie Träume zustande kommen. Der eine Part, Erfahrungen und Wissen aus der materiellen Realität, ist in seiner Logik recht schlüssig. Seine Wirkung zu verstehen sollte Ihnen keine Probleme mehr machen. Es sind gespeicherte Inputs, welche zur Darstellung der anderen Realität zur Verfügung stehen. Wie ein Regisseur bestimmte Requisiten und Schauspieler hat, um ein Theaterstück aufführen zu können, hat unser materielles Bewusstsein bestimmte Elemente um die fremden Fluktuationen zu verarbeiten. Dabei ist Kreativität gefragt.

Der andere Part, die Ereignisse der immateriellen Realität, ist das, was es zu erforschen gilt. Sind es Verschränkungen in parallele Welten, in welchen wir auch existieren? Die Viele – Welten - Theorie lässt ein solches Szenario absolut real entscheiden. Ganz simpel ausgedrückt geht es bei dieser Theorie darum, dass jede mögliche Entscheidung auch stattfindet. Ein Elektron kann auf seinem Weg zum Ziel zwischen mindestens 2 Wegen wählen. Aus irgendeinem Grund entscheidet es sich für einen Weg, obwohl der andere Weg diesem in nichts nachsteht. Die Viele - Welten - Theorie besagt nun, dass das Elektron beide Wege geht. Es entstehen, aufgrund dieser Entscheidungsmöglichkeit, mindestens die 2 Welten, wo in jeder Welt einer der möglichen Wege genommen wird. Eine sehr abenteuerliche, aber dennoch anerkannte, Theorie. Wenn diese nur ansatzweise zutrifft, dann müssen wir davon ausgehen, dass wir mit unserem Pendant in der anderen Welt verschränkt sind. Dies bedeutet, dass wir in irgendeiner Form in Interaktion stehen, was eben auch Traumerlebnisse verursacht.

Vielleicht sind die Inputs auch keine Verschränkungen in andere Welten sondern Einblicke in eine Welt, welche nicht aus Materie besteht. Eben das Gegenstück zu unserer Welt. Was auch immer der Lösung näher kommt, es ist in jedem Fall phantastisch. Seien Sie keinesfalls voreingenommen, wenn sie versuchen wollen den fremden Teil der Inputs zur Entstehung Ihrer Träume zu verstehen. Denken Sie intuitiv und notieren Sie sich Ihre Gedanken. Schließlich ist auch die Intuition ein nicht erklärtes Phänomen, was sich Informationen bedient, welche uns klassisch nicht zur Verfügung stehen. Daher ist sie ein oft unterschätzter Wegweiser.

3.4. Wie haben wir Zugang zu diesen Ursachen?

Natürlich bezieht sich diese Frage allein auf die Ursachen in dem Bereich der immateriellen Realität. Nutzen wir zur Erörterung dieser Frage einmal folgende Grafik.

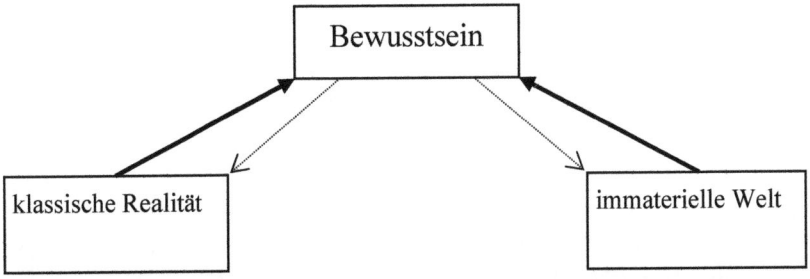

Unser Bewusstsein wird in dieser Grafik als Ganzes, als umfassendes beider Ebenen, betrachtet. Wenn wir uns in unserer materiellen Realität (in unserem jetzt bekannten Leben) befinden, haben wir keinen Einblick auf dieses umfassende Bewusstsein!

Die Frage nach den Ursachen kann nun besser betrachtet werden. Es gibt 2 Möglichkeiten, wie wir diese Ursachen erforschen können.

Da ist der Weg über unser Bewusstsein. Wir verlassen unsere klassische Realität, begeben uns auf die Ebene des ganzen Bewusstseins und von da aus erlangen wir Einblicke in die immaterielle Welt. Auf der Ebene des Bewusstseins sind wir uns beiden Untergruppen durchaus gewahr. Wir können uns den Inputs der immateriellen Realität öffnen. Genau dies geschieht in unseren Träumen. In Träumen erfahren wir Ganzheit. Beide Realitäten vermischen sich, da keine bevorzugt behandelt wird. Unsere Konzentration ist nicht auf das Materielle beschränkt. Auf dieser Ebene ist uns das Erfahrene auch nicht fremd. Besonders spürbar ist dies in luziden Träumen. Wenn wir erfahren, dass wir träumen, dann ist uns dies nicht fremd. Es wird uns einfach nur klar. So wie ihnen vielleicht klar wird, dass sie sich an einer bestimmten Straßenkreuzung befinden, wenn Sie sich verirrt haben. Wir bewerten es nicht als fremde Welt oder beängstigend. Es scheint vertraut und wir bewegen uns gern dort. Im Grunde wäre dies ein untypisches Verhalten, da fremde Dinge in erster Linie Angst und Vorsicht zur Folge haben. Dieses „eigentlich" normale Verhalten tritt nicht ein, da wir uns schon immer dort befinden. Es ist die höhere Ebene des gesamten Bewusstseins. Fremd wird diese Erfahrung erst dann, wenn wir sie aus der Sicht unserer Realität betrachten. Erst dann verstehen wir das Ganze nicht mehr und können mit den Darstellungen aus unseren Träumen nicht mehr richtig arbeiten. Dieser Zugang zu den Ursachen, über den Weg des Bewusstseins, ist somit zwar der jedem Wesen zugängliche Weg, jedoch kann er nicht zum verstehen der Ganzheit führen.

Die zweite Variante ist der direkte Weg aus unserer klassischen Realität hin zur immateriellen Realität. Nun müssen wir uns darüber im Klaren sein, dass die beiden Realitäten nicht voneinander getrennt betrachtet werden sollten, so wie es die

Grafik eventuell vermuten lassen würde. Die Grafik ist lediglich eine Form der Darstellung, um die Dualität beider Ebenen zu verdeutlichen. Tatsächlich verschwimmen die beiden Ebenen ineinander, was auch das Spüren der Inputs aus der immateriellen Welt zur Folge hat. Daher ist uns ein direkter Zugang zur immateriellen Welt in jedem Fall möglich, ohne den Umweg über die übergeordnete Ebene zu wählen.

Dieser direkte Zugang bezieht sich auf das bewusste Betreten dieser anderen Ebene. Eine Möglichkeit dafür sind luzide (bewusste) Träume. Auch unter diesem Punkt möchte ich noch einmal auf die Unterlassung der Steuerung von bewussten Träumen hinweisen. Anfänglich habe ich auch immer wieder versucht meine bewussten Träume zu steuern. Ich wollte verschiedene Dinge erleben und erfüllte mir Wünsche, welche sich an der materiellen Realität orientierten. Als ich begann die bewusste Steuerung zu unterlassen, erfuhr ich sehr beeindruckende luzide Träume. Ich möchte an dieser Stelle betonen, dass mir die Steuerung durchaus möglich war, da ich einige Male diesen hohen Grad an Bewusstheit hatte. Ich habe es aber ganz gezielt unterlassen. Ich möchte einen Traum als Beispiel anführen: *Ich bin in einer Art U-Boot. An Bord sind noch andere Menschen, welche aber keine große Rolle spielen. Wir sind tief unter dem Wasser. Es ist ganz finster, da das Sonnenlicht nicht bis dahin durchdringen kann. Plötzlich erkenne ich eine Lichtquelle. Sie sieht seltsam aus, aber es ist die Sonne. Ich habe keine Ahnung, warum ich davon ausgehe, aber ich weiß es. Auf einmal wird mir klar, dass dies nicht möglich ist. Ich werde luzide. Ich beschließe mich nicht in das Geschehen einzumischen, sondern nur zu beobachten. Ich erfahre, dass dies nicht leicht ist, denn alle Gedanken spiegeln sich umgehend im Traum wieder. So denke ich an eine bequemere Umgebung und das U Boot sieht aus wie mein Kinderzimmer aus der Jugend. Ich versuche weiter meinen Einfluss zu minimieren. Das U Boot steigt auf und schwimmt durch eine Verengung. Plötzlich erweitert sich der*

Ausgang nach oben. Es fliegen viele schwarze Gestalten an uns vorbei. Sie strömen aus dieser Verengung und verteilen sich in alle Richtungen. Ich bekomme gesagt, dass dies das Leben ist. Es entspringt und verbreitet sich rasch in alle Richtungen. Die Gestalten nehmen verschiedene Formen an und entwickeln eine Art Individualität. Es ist beeindruckend dies zu beobachten. Ich verliere den Traum wieder.

Eine solche Erfahrung hätte ich nie machen können, wenn ich den Traum bewusst gesteuert hätte. Doch das freie Entfalten des Traumes hat mir ein ganz besonderes Gefühl für Leben vermittelt. Was besonders wichtig gewesen ist, die Darstellungen sind keine bekannten Analogien aus meinem Gedächtnis gewesen. Solche Dinge habe ich noch nie gesehen und kann diese nicht mit mir bekannten Objekten vergleichen. Was ich da gesehen habe war sicherlich auch nur eine Episode aus einer langen Ereignisabfolge, aber sie war horizonterweiternd. Bis zu dieser Traumerfahrung sind luzide Träume für mich eher eine Art Unterhaltung gewesen. Es ist beeindruckend, wenn man seine Umwelt im Traum derart steuern kann. Aber im Traum eine Erweiterung des Horizonts zu gewinnen und alles zu beobachten, war unbeschreiblich erfüllender. Es ist vielleicht am ehesten mit einem Naturforscher beschreibbar. Wenn dieser Tiere in freier Wildbahn beobachtet, so versucht er seinen Einfluss auf die Umwelt zu minimieren, um so seine Erkenntnisse zuverlässig und unverfälscht zu sammeln. Genauso geht es uns bei luziden Träumen. Seien sie geistig entspannt und registrieren Sie nur. Versuchen Sie nicht die Umwelt zu verändern.

3.5. Wie verarbeiten wir diese Ursachen?

Wir wissen bereits, dass wir diese Ursache durch die Brille unserer materiellen Persönlichkeit filtern. Dadurch kommt es zu Darstellungen, welche für unser Wesen typisch sind. Jedoch sorgen Träume für verschiedene neue Konstellationen. Unsere materielle Psyche fügt bekannte Elemente zwar zusammen, jedoch werden diese meistens in einen ganz neuen Kontext gestellt. Bekannte Personen nehmen eine vollkommen neue Rolle ein. Bekannte Risiken gehen wir im Traum mit großer Ruhe und Zufriedenheiten (Sie stehen in einem anderen emotionalen Kontext) an. Dadurch werden bekannte Umstände neu geschaffen.

Aus unserer Erfahrung wissen wir, dass unsere Persönlichkeit von allen äußeren Einflüssen geformt wird. Erfahrungen aus dem Leben führen zu einer einzigartigen Persönlichkeitsstruktur eines Lebewesens. Alle Einflüsse bewirken auch Veränderungen.

Denken wir in diesem Zusammenhang doch einmal über die Wirkung von Träumen nach. Sicherlich ist es Ihnen auch schon einmal geschehen, dass Sie nach einem Traum erwacht sind und dann ein sehr ausgeprägtes Gefühl hatten. Je nach der Art des Traumes war dieses Gefühl schockierend, traurig, erfüllend oder beeindruckend. Ich möchte Ihnen hierzu ein Beispiel geben: *Ich träume, dass ich aus dem Fenster sehe und dort alles vereist ist. Es schneit zudem und es ist sehr kalt. Ich weiß nun, dass eine Eiszeit über uns hinein bricht. Ich verlasse mein Haus und gehe in die Richtung eines Berges, von der Stadt weg. Es schneit immer weiter und bekannte Straßen oder andere Merkmale der Umgebung sind bereits mit Schnee überdeckt. Ich überlege was ich machen soll. Ich möchte zu einer Stromquelle finden, damit ich Wärme erzeugen kann. In diesem Moment erklingt eine Sirene aus Richtung Stadtzentrum. Es ist wohl der Alarm aufgrund dieser Katastrophe. Ich gehe weiter. Auf einmal verstummt die Sirene. Ich weiß nun, dass auch diese keine Elektrizität mehr hat. Für mich bedeutet das, dass auch sämtlicher Notstrom zum erliegen gekommen ist. Ich weiß, dass ich keine Strom- oder Wärmequelle mehr finden würde und die nächsten Minuten sterben werde. Ich fühle mich dabei extrem erlöst. Alle Sorgen, jedwede Trauer und alle Überlegungen sind überflüssig geworden. Ich erfahre noch eine kurze Zeit meines Lebens, ohne materielle bedenken. Ein derartiges Gefühl von Erlöstheit hatte ich noch nie erfahren.*

Nachdem ich aus dem Traum erwachte, spürte ich noch immer ganz deutlich dieses berauschende Gefühl. Es beeinflusste mich noch einige Tage. Außerdem habe ich seit dem Traum ein anderes Denken über den Tod. Wenn man dies so sagen kann, dann zeigte mir der Traum die angenehme Seite des Sterbens. Ich muss an dieser Stelle betonen, dass ich zu dem Zeitpunkt des Traumes keine spezielle Erfahrung mit dem Tod hatte. Eine Begründung, weshalb mir dieser erfüllende Traum zu dem gegebenen Zeitpunkt kam, kann ich nicht liefern.

Das ist auch nicht so wichtig, denn uns beschäftigt in diesem Kapitel die Verarbeitung / Wirkung der Träume. Wenn wir aus einem Traum erwachen, dann wissen wir in der Regel recht schnell, dass wir „nur" geträumt haben. Daher verarbeiten wir auch die entsprechenden Erfahrungen relativ nüchtern. Wir wissen einfach, dass das Ereignis nicht stattgefunden hat. Je nachdem wie wir das Ereignis bewerten sind wir dann erleichtert oder auch enttäuscht. Oberflächlich scheint der Traum nun abgeschlossen. Aber wessen wir uns immer bewusst sein sollten ist, dass alle Einflüsse auch eine Langzeitwirkung auf uns haben. Bei Träumen ist es nicht anders. Wenn wir etwas träumen, dann erfahren wir diese Situation. Somit ist dieses Ereignis auch materiell geboren. Seine Wirkung auf unsere Persönlichkeit findet in diesem Moment statt. Egal ob wir später revidieren können und sagen, dass dies nicht materiell real gewesen ist, die Wirkung bleibt bestehen. Somit haben unsere verarbeitenden Prozesse auch langfristige Folgen für uns.

Interessant wird diese Erkenntnis, wenn wir die Anzahl der Träume versuchen zu erörtern. Jene Träume, welche wir nach dem Erwachen noch kennen, sind nur ein Bruchteil von allen Träumen. In Kapitel 5 gehe ich genauer darauf ein. Folglich haben wir jede Nacht eine sehr große Menge von Träumen, welche unsere Persönlichkeit formen. Diese Erfahrungen haben mehr Einfluss auf uns, als es uns wirklich klar ist. Vielleicht ist das auch gut so. Denn unser Bewusstsein als Ganzes kann uns mit Träumen Botschaften schicken und formt somit unsere Persönlichkeit und gibt uns ebenfalls Informationen, ohne dass wir uns dessen bewusst sind. Vielleicht ist es mit einem Virenprogramm für dem PC vergleichbar. Stellen Sie sich vor, ein Freund spielt Ihnen ein derartiges Programm, ohne Ihr Wissen, auf den Computer. Im Hintergrund löscht es immerzu sämtliche Viren. Ihnen ist dies gar nicht klar, denn Sie haben es nie installiert. Vielleicht lesen Sie manchmal die eine oder andere Warnmeldung, aber nach einer kurzen Verwunderung klicken Sie diese Weg. Das Programm schützt im Hintergrund Ihren PC und Sie werden es nie vollständig erfahren. So wie uns unser Bewusstsein Informationen über den Weg der Träume gibt, welche wir in Ihrer Kernaussage wohl nie ganz werden greifen können.

Wir sollten uns ebenfalls noch im Klaren darüber sein, dass die „Fluktuationen" der parallelen Welt immer auf uns Wirken. In den Träumen nehmen diese Wirkungen nur zusätzlich materielle Gestalt an, was im wachen Zustand nicht geschieht. Aber unsere Emotionen und Stimmungen sind diesen Fluktuationen permanent ausgeliefert. Vielleicht ist deren Wirkung nicht so stark wie die Wirkung unserer Realität, aber sie sind vorhanden. Plötzliche Veränderungen unserer Gemütslage können wir oft nicht erklären. Das liegt einfach daran, weil wir die Ursachen dafür nicht kennen. Dies ist die Folge aus unserer Unkenntnis über die parallele Ebene.

Kapitel 4: Das Schlafen und die fremden Inputs.

4.1. Warum erleben wir die Inputs nur im Schlaf so intensiv?

Seit ich mich intensiv mit Träumen beschäftige, freue ich mich jedes Mal auf das Schlafengehen. Es ist immer wieder spannend, was man in den folgenden Nächten erfährt. Je aktiver wir uns mit Träumen beschäftigen, desto umfangreicher sind auch die Erfahrungen damit, welche wir im Gedächtnis behalten.

Dass die Inputs, welche die Träume zur Folge haben, immer vorhanden sind, wissen wir bereits. Warum wir diese nicht in ihrer vermeintlichen Klarheit verstehen, können wir mittlerweile auch beantworten. Aber was macht den Schlaf denn so empfänglich für diese Inputs? Hauptgrund dafür ist, dass wir unsere Aufmerksamkeit vollkommen darauf richten. Wie können wir uns dies vorstellen?

Haben Sie einmal beobachtet, wie eine Person versucht ganz konzentriert auf ein bestimmtes Geräusch zu hören? In solchen Fällen sehen wir oft, das diese Person ihre Augen schließt. Oder man beginnt einfach auf einen bestimmten Punkt zu starren. Auf diese Weise minimiert man die Inputs der Augen, welche einen Großteil unserer Aufmerksamkeit benötigen. Ein anderes Beispiel ist, wenn man jemanden beim Beobachten stört. Wenn eine Person ihre Augen fest auf ein zu beobachtendes Objekt richtet und diese Person dann berührt wird, dann reagiert man meist mit Ablehnung. „Lass mich mal in Ruhe gucken" und die Hand wegschieben ist dafür eine typische Handlung. Ich denke solche oder ähnliche Situationen kennen wir alle aus dem Alltag. Wir schließen daraus, dass wir uns nur auf einen sehr eingeschränkten Bereich konzentrieren können. Um die Inputs eines Sinnes in voller Ausprägung zu erfahren, müssen die anderen Sinne marginalisiert werden.

Diese Tatsache ist uns nicht unbekannt. Weitestgehend unbekannt ist uns jedoch der 6. Sinn, welcher sich auf die Inputs der nichtmateriellen Realität bezieht. Wir müssen davon ausgehen, dass wir 6 Sinne haben. Dieser zusätzliche Sinn impliziert Erfahrungen wie Intuition, Deja Vu, überdurchschnittliches Glück oder Pech, fremdartiges Wissen und ähnliche Dinge. Die Aufmerksamkeit auf unsere materiellen Sinne lässt diesen 6. Sinn vollkommen untergehen. Wir schaffen es ja nicht einmal annähernd unsere bekannten 5 Sinne simultan zu benutzen. Aus genau diesem Grund begeben sich Menschen auf verschiedene Weise in Trancezustände. Sie blenden dadurch die Inputs der materiellen Welt aus und erfahren somit die Inputs aus der nichtmateriellen Welt. Richtige Meditation ist eine große Kunst und Bedarf Geduld, Konzentration und Disziplin. Denn die Psyche bleibt dennoch vollkommen aktiv, oder mit unserem Begriff, die Psyche bleibt dabei wach.

Leider sind derartige Techniken in unseren Breitengraden nur spärlich vertreten, was uns blind gegenüber diesen Inputs macht. Es erscheint uns regelrecht unmöglich, dass man wach sein kann und alle 5 Sinne ausblendet. Im Schlaf geschieht dies allerdings jedem Menschen, gleichgültig ob dieser Mensch die Fähigkeit der Meditation beherrscht oder nicht. Unsere Sinne sind heruntergefahren und der Empfang des 6. Sinnes findet endlich seine Beachtung. Doch da wir nicht aktiv mit diesen Inputs umgehen, werden sie eben bekanntermaßen verschlüsselt. Es ist ähnlich der Situation, wenn sie nebenbei ein seltsames Geräusch hören. Sie schnappen es auf, stecken es geistig in eine Schublade und betrachten dies als erledigt. Ob Sie die Quelle des Geräusches richtig identifiziert haben, werden sie nie erfahren, es interessiert sie auch nicht.

Genauso fahrlässig gehen wir mit den Träumen um. Wir betrachten Sie als erledigt und versuchen nicht das Dahinter zu erkunden. Folglich werden wir mit erneuten Traumerfahrungen ähnlich umgehen. Es beginnt eben damit, dass wir uns klar darüber sind solche Inputs permanent zu erfahren. Wir müssen beim Einschlafen lernen uns dafür zu sensibilisieren. In Kapitel 5 gehe ich genauer darauf ein, wie wir mit einfachen Möglichkeiten auch im „wachen" Zustand diese Inputs erfahren können.

4.2. Was geschieht mit unseren Sinnen im Schlaf?

Dass unsere Sinne auf ein Minimum reduziert sind, haben wir bereits ausführlich erörtert. Sie sind jedoch nicht vollkommen ausgeschaltet. Unsere Sinne „scannen" noch immer die Umwelt auf etwaige Gefahren oder besondere Veränderungen. Dies bedeutet ebenfalls, dass die Inputs aus der materiellen Welt in unser Gedächtnis gelangen. Beispielsweise werden die Geräusche unsere Umgebung analysiert und erst in der Folge der Analyse erwachen wir oder erwachen eben nicht. Wenn eine Person an einer stark befahrenen Straße wohnt, dann reagiert diese nicht mehr auf das laute Geräusch der vorbeifahrenden Autos. Wenn stattdessen das viel leisere Türschluss geöffnet wird, dann reagiert der Schlafende auf einmal. Wir können also daraus schließen, dass sämtliche Ereignisse unserer Umgebung registriert werden.

Diese Inputs werden auch in einer bestimmten Weise modifiziert. Wenn wir zum Beispiel Fernsehen schauen und dabei einschlafen, dann werden die akustischen Signale der aktuellen Sendung in unsere Träume integriert. Die Ereignisse unserer Träume werden demnach nicht nur von den Inputs der nichtmateriellen Welt gesteuert, sondern ebenfalls von den Inputs unserer Realität. Unsere Träume sind also eine Art Mischwelt zwischen den Erlebnissen der nichtmateriellen Welt und den Einflüssen (keine Interaktion) der materiellen Welt. Der Hinweis keine Interaktion ist hier recht wichtig. Denn unsere materielle Welt nehmen wir tatsächlich nur passiv wahr. Wir beeinflussen diese nicht. Die nichtmaterielle Welt hingegen „beleben" wir in diesem Moment, daher ist auch unser Einfluss primär in dieser

Welt zu finden. Inwieweit die nichtmaterielle Welt unsere materielle Welt beeinflusst, das können wir heute nicht gänzlich erörtern. Dafür fehlt uns einfach noch zu viel Verständnis im komplexen Konstrukt der Existenz. Einen Einfluss wird es ganz sicher geben. Wie dieser jedoch gewichtet ist, das können wir noch nicht verstehen.

Halten wir also noch einmal fest. Unsere Sinne sind auch im Schlaf aktiv, nur werden die Inputs genau ausselektiert. Die Reize dieser Inputs werden teilweise auch in unsere Träume integriert, sodass Träume das Resultat beider dualistischen Ebenen sind. Der aktive Ablauf und die Interaktionen beschränken sich dabei jedoch auf die nichtmaterielle Welt. Der Einfluss unserer Realität ist dabei eher passiver Natur.

4.2. Wie nehmen wir diese andere Ebene wahr?

Wir haben lediglich einen Rezeptor für eine ganze Ebene der Realität. Diesen Rezeptor zu beschreiben ist gar nicht so einfach. Hauptgrund dafür ist, dass wir das gesamte Konstrukt dieser nichtmateriellen Realität erst lernen zu verstehen. Folglich werden wir die Rezeptoren dafür auch nicht fassen können. Um die derartige Wahrnehmung zu begreifen, gibt es verschiedene Ansätze. Wir können über den Weg der Wissenschaft versuchen dafür ein Verständnis zu entwickeln. Fundamental hierfür sind die Erkenntnisse aus der Quantenmechanik. Es gibt hierfür eine Unmenge an Lektüre, was es dem Neueinsteiger nicht leicht macht. Wenn das erste Buch darüber zu kompliziert ist, dann hat man das Interesse für die Quantenmechanik schon verloren. Ich empfehle Ihnen unbedingt mehrere Bücher zu diesem Thema zu lesen. Jedes Buch präsentiert andere Erklärungen, Sichtweisen und Beispiele. Die ausgeprägte Fremdartigkeit dieser Disziplin erfordert es unbedingt von verschiedenen Seiten betrachtet zu werden. In jeder Beschreibung oder Darstellung kommt man dem Ziel des Verstehens ein Stück näher.

In meinem Buch „Die Realität verstehen lernen – ein erster Schritt" habe ich die Mitteilungen der Quantenmechanik einfach dargestellt und aus vielen Büchern das Wesentliche zusammengefasst. Zur Einführung in dieses Thema hervorragend geeignet, für eine Vertiefung in diese Wissenschaft empfehle ich speziellere Lektüre.

Im Grunde erklärt uns die Quantenmechanik, dass die gesamte materielle Existenz ein ganzes Konstrukt an sich ist. Materie gehorcht dabei Gesetzen, welche die Physik des reinen materiellen Verständnisses außer Kraft setzen. Alles ist verschränkt und beeinflusst sich gegenseitig. Materie existiert als eine Art Welle (nicht materiell), bis sie von einem Bewusstsein (Lebewesen) wahrgenommen wird. Erst dann nimmt diese Welle uns bekannte materielle Struktur an. Unsere Welt entsteht daher aus einer Art riesiger Suppe (sehr ferne Analogie!), welche die geschaffenen festen Elemente jedoch nie ganz los lässt. Im Kern bleibt Materie ein Element dieser fremden Gesetze. Wenn wir die Wahrnehmung der immateriellen Realität über diesen Pfad erkunden wollen, dann gewinnen wir einen Eindruck der Fremdartigkeit. Das wirklich Besondere dabei ist, dass etwas empirisch Messbares beweist, dass es diese fremde Welt gibt. Daraus schließen wir unweigerlich, dass es keine vergebene Zeit ist derartig Fremdes verstehen zu wollen. Wir können immer wieder klar sagen, dass da wirklich etwas Verborgenes ist.

Um tatsächlich Einblick in diese faszinierende Andersartigkeit zu erhalten reicht es jedoch nicht aus nur über das Interesse an der Quantenmechanik zu gehen. Der nächste, oder parallele, Schritt muss sein, dass wir unser Bewusstsein erforschen. Fühlen und erleben trägt viel zur Erkenntnis bei. Wie wir dies verbessern, dazu komme ich im späteren Teil des Buches und besonders ausführlich in meinem Buch „Die Realität der Träume = die Welt der Quantenmechanik". Wenn wir unseren kritischen Geist mit der Quantenmechanik geöffnet haben, dann können wir uns auf die Suche begeben. Da die andere Realität nicht mit Formeln und bekannten Axiomen belegbar ist, müssen wir zwangsläufig über die Möglichkeit des Erlebens gehen.

Dafür gibt es viele Varianten. Bewusste Träume, so denke ich, sind der einfachste Weg, um einen Einstieg zu erlangen. Daher orientieren sich meine Bücher auch an dieser Methode. Mit dem Erhalt der Fähigkeit luzide Träume zu erfahren, entwickeln Sie latent andere Fähigkeiten, was Ihnen die Tür zu diesem Bereich öffnet. Es ist jedoch immer wichtig dabei den Bezug zur eigenen fassbaren Realität nicht zu verlieren. Denn wir müssen uns immer unser Ziel vor Auen halten. Wir wollen Informationen und Verständnis in unsere Realität holen. Unser Pendant in der anderen Ebene wird sicherlich einen vollständigen Einblick in die Abläufe der nichtmateriellen Ebene haben, eben so wie wir in unsere Realität. Das ist also nicht das Ziel. Dieses Wissen zu uns zu transferieren ist die große Aufgabe.

Dazu möchte ich noch eine kleine Richtigstellung anbringen. Wenn ich schreibe: „unser Pendant in der anderen Realität", so lässt dies vermuten, dass es in der anderen Realität ein Individuum gibt, welches mit uns als Person verschränkt ist. Vor dieser Vorstellung möchte ich unbedingt warnen. Die andere Ebene besitzt keine Lokalität, so wie wir sie kennen. Demzufolge auch keine so klar abgetrennten Individuen. Es ist durchaus möglich, dass dort einfach nur ein riesiges Ganzes existiert. Da wäre das Pendant für alle materiellen Individuen letztendlich das Selbe. Ob die Beschaffenheit so erklärt werden kann, kann ich nicht sagen. Mit Sicherheit ist die Ganzheit ein wichtiger Indikator der anderen Realität. Inwieweit dabei noch Individualität möglich ist, muss herausgefunden werden. Das ist nur eine von vielen Fragen.

4.4. Warum sind wir so offen für die Wahrnehmung der anderen Ebene, obwohl wir diese real doch nicht kennen?

Es ist eine Tatsache, dass wir die Inputs der fremden Realität wahrnehmen. Nicht nur im Schlaf, sondern auch während des Wachzustandes erfahren wir die Auswüchse dieser anderen Ebene. Wenn etwas, in welcher Form auch immer, existiert und uns beeinflussen kann, dann muss eine Art Interaktion stattfinden. Diese Interaktion geschieht latent mit der Umwelt der immateriellen Ebene. Es ist nur logisch, dass wir daher auch offen für die Inputs dieser Ebene sind.

Parallel zu dieser Tatsache kennt ein großer Teil der Menschen diese parallele Welt nicht bewusst. Obwohl diese präsent ist und ihren Einfluss auf uns geltend macht, vertreten Viele die Meinung, dass es dies nicht gibt. Wie konnte das passieren und was ist die Folge daraus? Aufgrund unserer faktenorientierten Gesellschaft fordern wir immer handfeste klare Beweise für Behauptungen. Diese Beweise orientieren sich an materieller Struktur. Wir ignorieren dabei die Ebene der Intuition, der Eingebung, eben des Nichtmateriellen. Dies zieht sich wie ein roter Faden durch unsere Existenz, sodass wir „gelernt" haben, diesen Inputs nicht zu trauen. Stattdessen sollen wir uns auf Fakten verlassen. Aber mit einem derartigen Denken wäre eine Erfassung unserer Umwelt kaum möglich. Es ist uns nicht bewusst, aber unsere Wahrnehmung basiert größtenteils auf Schlussfolgerungen und eigens kreierten Ergänzungen. Wir denken eine stabile Umwelt wahrzunehmen, aber unser Gehirn suggeriert uns dies nur. Es ist eine Tatsache, dass wir uns mit dem Auge nur auf einen festen Punkt konzentrieren können. Alles andere wird in diesem Moment nicht aktiv beachtet. Somit ist dessen Darstellung eher ein Hilfsmittel zur Projektion einer stabilen Umwelt, mehr jedoch nicht. Viele Dinge welche wir wahrnehmen sind nur vorhanden, weil wir davon ausgehen, dass diese vorhanden sind. Hierzu möchte ich Ihnen das Buch „Wie unser Gehirn die Welt erschafft" (Chris Frith) empfehlen. Es ist sehr wichtig für ihr Verständnis, dass Sie erkennen wie diese Abläufe funktionieren.

In dieser Erschaffung der Welt haben die immateriellen Inputs keine Loge. Aber(!) sie sind dennoch vorhanden und unsere Rezeptoren dafür sind zwar verkümmert, aber sie sind da. Latent sind auch diese Inputs an der Schaffung unseres Bildes der Realität mitwirkend. Das Problem ist unsere Ignoranz gegenüber diesen Inputs, was uns gegenüber einer großen Informationsquelle verschließt.

Wir haben das evolutionäre Potenzial beide Ebenen in gleichem Maße zur Bildung unserer Realität zu nutzen. Es ist lediglich unsere Entwicklung, dass wir uns mehr zur materiellen Seite hingezogen fühlen. Dies ist keineswegs universell für die Menschheit zu verstehen. Zahlreiche Völker messen der mentalen Ebene eine enorme Gewichtung bei. Dabei wird auch oft die Haltung vertreten, dass in der immateriellen Welt jegliche Realität entsteht. Dort ist eine Hierarchie der Ebenen, wie in folgende Darstellung (Grafik von Seite 33 zur Erinnerung),

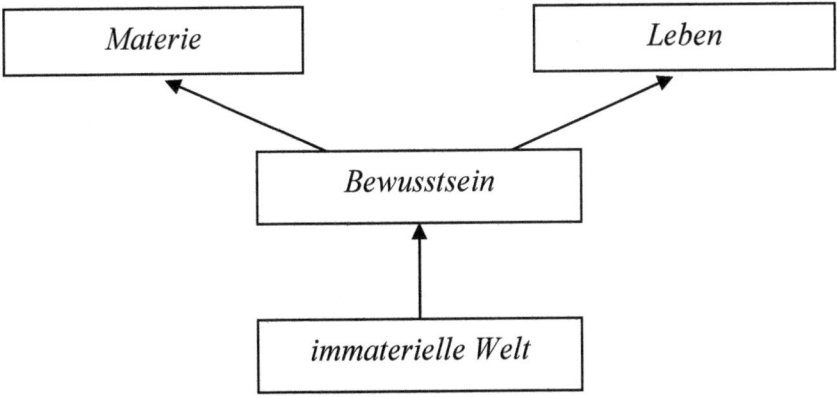

das Standardmodel der Existenz. Wir haben uns in diesem Buch entschieden, dass es für die Erforschung dieser anderen Ebene besser ist, beide Welten als gleichwertig auf einer Ebene zu betrachten.

Unser Ziel muss es also sein alte Fähigkeiten wieder zu aktivieren. Wir müssen lernen diesen nicht fassbaren Inputs zu vertrauen und orientiert daran Entscheidungen zu treffen. Unser bekannter Begriff dafür ist die Intuition. Was wir darunter verstehen ist eine abgeflachte Form der Inputs der immateriellen Welt. Intuition lässt uns Entscheidungen treffen, welche von Wahrscheinlichkeitsberechnungen abweichen und dennoch richtig sind. Tief in uns sind wir uns darüber im Klaren, dass es diese parallele Welt, dieses Feld an Informationen, gibt. Nur deswegen vermögen wir auch dessen Inputs zu verarbeiten, ob nun passiv oder aktiv ist eine andere Frage.

4.5. Warum verschwimmt das Erlebte nach dem Erwachen so schnell?

Wenn wir einen interessanten Traum erfahren haben, dann ist das Problem des Vergessens regelrecht spürbar. Wenn wir munter werden, erinnern wir uns noch umfassend an den Traum. Folgende Erfahrung werden Sie sicherlich kennen, wenn Sie schon einmal versucht haben ein Traumtagebuch zu führen. Zuerst ist es das Ziel den Traum umfassend ins Gedächtnis zu holen. Auffällig dabei ist, dass dies schwer gelingt. Während des Prozesses ist es offensichtlich, dass Ihnen Teile des Traumes verloren gehen. Sie wissen etwas und kurz darauf ist es nicht mehr möglich dies wiederzugeben. Wenn wir das mit den Alltagserfahrungen vergleichen, welche ja die gleichen Darstellungen nur andere Quellen haben, ist der Unterschied besonders deutlich. Beim Versuch die Erlebnisse eines realen Tages zu notieren, können wir effizient darüber nachdenken. Es gibt eine chronologische Abfolge der Ereignisse und eine Logik hinter den Geschehnissen. Wenn wir eine Lücke in den

Erinnerungen entdecken, dann können wir dieser Lücke auf den Grund gehen. Wir wissen konkret was zu tun ist.

Anders verhält es sich mit Traumerinnerungen. Diesen Umstand verständlich zu beschreiben ist gar nicht so einfach. Aber es ist wichtig diesen zu erkennen, um die eigene Traumarbeit zu intensivieren. Wenn wir ein konkretes Ereignis im Traum erfahren, dann geschieht es häufig, dass dieses Ereignis Schritt für Schritt verloren geht. Analysieren wir diese Erfahrung genauer, dann werden wir Folgendes feststellen. Wir vergessen nicht das Erlebte, sondern wir vergessen dessen Art der Darstellung. Es ist eine höchst interessante Erfahrung und mit Worten schwer beschreibbar. Die Substanz der ursächlichen Erfahrung bleibt konstant bestehen. Im Traum haben wir eine Analogie zur Darstellung gefunden. Was uns nach dem Erwachen verloren geht ist nicht die Erfahrung an sich, sondern die Darstellung dieser Erfahrung. Wenn Sie sich intensiver damit beschäftigen, dann erkunden Sie genau die Situation. Sie werden erfahren, dass Ihnen lediglich die richtigen Worte fehlen, um die Traumabfolge sinngemäß zu beschreiben. Das ist bemerkenswert, da wir im Traum keine uns fremden Dinge beobachten. Die Ursache der Dinge ist unsere Realität zwar fremd, jedoch müsste es mühelos möglich sein uns an die bekannte Darstellung zu erinnern, da diese ausschließlich Elemente unserer Erfahrungen beinhaltet.

Hieraus ergibt sich eine Interessante Grundsatzfrage über die Natur von gespeicherten Informationen. In ihrem Buch „Das Nullpunkt-Feld" beschreibt die Autorin Lynne McTaggert recht erstaunliche Experimente zu dieser Thematik. Leider geht die Erörterung dieser hoch interessanten Erkenntnisse am Inhalt dieses Buches vorbei. Eine unbedingte Empfehlung zu diesem Buch möchte ich hier jedoch aussprechen. Ganz allgemein gesagt geht es darum, dass Informationen nicht in unserem Gehirn gespeichert werden, so wie Klassischen angenommen. Informationen werden in einem energetischen Feld (fremde

Realität!) hinterlegt und bei Bedarf abgerufen. Diese Art der Interpretation wird durch die beschriebene Erfahrung des Vergessens der Träume gestützt. Wenn wir uns an Träume erinnern, dann geschieht während der Erinnerung die Transformation der Inputs der fremden Welt mit den im Traum benutzten Analogien. Versuchen wir den Traum im wachen Zustand in unser Gedächtnis zurück zu holen, dann ist die Brücke zu den Inputs bereits vorhanden. Wir versuchen lediglich die benutzten Analogien zu reaktivieren.

Das ist ein ganz wichtiger Fakt, um die Traumarbeit zu fördern. Wenn wir versuchen uns an einen Traum zu erinnern, dann versuchen wir Analogien zu behalten, mit welchen wir den Traum dargestellt haben. So ist einwandfrei zu erklären, warum wir das seltsame Gefühl des Traumes weiter in uns tragen, aber der Trauminhalt nicht beschrieben werden kann. Das Gefühl oder die Erfahrung des Traumes ist eben ein Element von einer ganz fremden Realität.

Um Träume zu notieren müssen wir gedanklich umstrukturieren. Wir müssen uns klar darüber sein, dass wir über eine Art der Darstellung nachdenken und nicht(!) über ein ursächliches Erlebnis an sich. Analogien vergessen wir, Erfahrungen nicht. Unser Gehirn (oder Seele, oder Bewusstsein) speichert keine Analogien, sondern fertige Erfahrungen. Analogien sind nur kurzweilig und werden daher vergessen. Aus dem materiellen Alltag kennen wir oft ähnliche Situationen. Wir wissen wie etwas gemeint ist, aber wir können es nicht beschreiben. Wir überlegen: „Wie erklär ich das nur?, Wie hat er es mir erklärt?, Wie kann ich das darstellen?". Warum erläutern Sie einen Umstand oder ein Objekt nicht einfach auf jene Weise, wie Sie ihn erlernt haben? Eben weil Sie das nicht mehr wissen. Es ist auch nicht wichtig.

4.6. Können wir die Inputs im Wachzustand verstärken?

Mit der Natur der Trauminputs und dem Umgang mit diesen Erscheinungen beschäftigen wir uns intensiv im nächsten Kapitel. In diesem Kapitel möchte ich lediglich das Verständnis für diese Ebene der Wahrnehmung verbessern.

Wenn Sie die Inhalte des bisher Gelesenen verinnerlich haben, dann müssten Sie davon ausgehen, dass die Inputs, welche die Träume verursachen, immer vorhanden sind. Es ist lediglich unser veränderter Zustand, welcher die verschiedenen Grade der Wahrnehmung dieser Inputs verursacht. Den Unterschied zwischen dem Schlaf- und Wachzustand, in Bezug auf unsere Konzentration, haben wir bereits ausführlich erörtert. Aus diesem Wissen können wir schließen, dass unser Fokus beim Schlafen die nötigen Ressourcen hat, um diese Inputs der anderen Ebene zu verarbeiten.

Das Problem, weshalb wir uns in eine derartige Ignoranz entwickelt haben, liegt bei unserer Präsenz in der materiellen Welt. Im wachen Zustand sind wir einfach aktive Teilhaber der materiellen Welt, daher ist auch unser ganzes Potenzial auf diese Ebene gerichtet. Wir haben die nichtmaterielle Welt einfach ausgeblendet. Dabei liegt das Problem. Zudem werden wir von Geburt an darauf konditioniert ausschließlich die materiellen Inputs zu verarbeiten. Wenn ein Mensch mal „vor sich hin träumt" oder „in sich kehrt", dann wird dieser als Träumer, als Schlafmütze, abgetan. Man müsste meinen, dass es regelrecht verpönt ist sich diesen anderen Inputs zu widmen.

An dieser Stelle müssen wir nun ansetzen. Wer sagt, dass ein „Tagträumer" unkonzentriert ist? Was ist daran verkehrt auf andere Inputs zu achten, wenn man nicht gerade am Steuer eines fahrenden Autos sitzt? Es geht, Bezug nehmend zur Überschrift, nicht darum die Inputs zu verstärken, sondern unsere Aufmerksamkeit wieder auf diese Inputs zu richten. Vorhanden sind sie zur Genüge, nur müssen wir wieder lernen diese zu erkennen.

Es bedarf hierbei einer Modifizierung unsere Lebensweise. Ein Beispiel aus der Praxis. Haben Sie schon einmal entspannt und locker nachgedacht? Ich meine damit nicht das verkrampfte Lösungen suchen, welches mit Spannung und Ungeduld begleitet ist. Ich rede von hinsetzen, die Augen schließen (ohne dabei zu schlafen) und einfach den Gedanken freien Lauf lassen. Man gibt den Gedanken zwar eine Richtung, die Richtung des Themas, aber der Rest kommt von allein. Dies ist eine ganz andere Erfahrung als das bewusste abwägen von Pro und Kontra einer gegebenen Situation.

Es ist nicht einfach die Gedanken dahin gleiten zu lassen und diese dabei bewusst zu registrieren. Erinnern wir uns an die Passage des Buches zum Thema der Informationsspeicherung. Zur Erinnerung, Informationen werden nicht im Gehirn gespeichert, sondern lediglich durch das Gehirn abgerufen (Ein ganz grober Auszug aus einem unbeschreiblich interessanten Komplex von Experimenten, welche im benannten Buch dargestellt sind). Wenn wir unsere Gedanken einfach „gehen" lassen, dann durchschreiten wir die fremde Ebene der Informationen. Wir müssen uns nur orientieren lernen. Dies geschieht durch Entspannung. Da keine Lokalität vorhanden ist, ist alles überall präsent.

Diese grobe Einleitung zur Beschaffenheit der anderen Ebene, aus Sicht unsere Realität, zeigt deutlich was zu tun ist, wenn wir die Inputs verstärkt realisieren wollen. Als erstes müssen wir uns einfach regelmäßig unseren Müßiggang gönnen. Einfach die Gedanken gehen lassen. Dabei wird der Weg aus unserer Realität heraus in diese fremde Welt geebnet. Die Inputs erscheinen mit der Zeit häufiger, klarer und einfach besser. Im folgenden Kapitel werde ich ausführlich auf die Sensibilisierung und dem Umgang mit diesen Inputs eingehen.

Kapitel 5: Wie sensibilisieren wir uns für diese Inputs?

Es ist wichtig zu verstehen, dass wir die Fähigkeit haben diese fremden Inputs zu erkennen. Wir müssen sie daher nur wieder auffrischen. Aus Völkern unserer Geschichte wissen wir, dass es ganz verschiedene Sichtweisen der Weltanschauung gibt. So ist unsere Zentralisierung der materiellen Bestandteile nicht allgemein gültig, sondern lediglich eine Variante der Wahrnehmung. In anderen Kulturen wird der Traumwelt und der geistigen Ebene ein hoher Stellenwert zugesprochen. Eine Gemeinsamkeit dieser Betrachtungen ist die Erkenntnis, dass jeder Ort auf einer rein geistigen Ebene erfahrbar und spürbar ist. Jedes Objekt, ob „leblose" Materie oder das Leben an sich, träumt. Dies deckt sich auch mit den wissenschaftlichen Bewertungen, dass feste Materie zuerst in Form von Wahrscheinlichkeitswellen, also in einer Art Energie, existiert. Elemente bilden sich erst nach einer bewussten Beobachtung. Wie die Beschaffenheit tatsächlich beschreibbar ist, das gilt es zu erkunden. Denn neben allen beeindruckenden Erfahrungen und Erkenntnissen dürfen wir auch unsere materielle Welt nicht herabsetzen. Das ist sehr wichtig, denn wir neigen dazu die anderen Ebenen über unsere zu stellen. Ob dies der Neugier und Begeisterung oder der Unzufriedenheit mit der rein materiellen Existenz geschuldet ist, das kann ich nicht sagen. Ich gehe jedoch fest davon aus, dass es sich bei diesen beiden Ebenen um eine Art Symbiose handelt.

4.1. Verhaltenspotenzial durch Erkenntnisse

Ein wichtiger Begriff zur Verbesserung der sensorischen Wahrnehmung stammt aus der Psychologie und nennt sich Verhaltenspotenzial. Was ist darunter zu verstehen? Stellen Sie sich einmal vor, dass Sie sich in Ihrer Freizeit mit Mathematik beschäftigen. Sie tun dies vollkommen zwanglos, eben aus eigenem Interesse. Daher werden Sie nicht durch Leistungstests bewertet oder ähnliche direkte Folgen daraus. Sie verbessern einfach nur Ihr mathematisches Verständnis. Zufällig ergibt sich einmal die Situation, dass beim Bau eines Möbelstücks trigonometrisches Wissen von Vorteil wäre. Da Sie dieses Wissen latent immer besitzen, kann das Problem ohne Umstände gelöst werden. Eine andere Person, ohne Ihr mathematisches Wissen, hätte in dieser Situation Hilfe benötigt. Sie hingegen haben das „Hindernis" gar nicht als solches wahrgenommen.

Mit der Beschäftigung der Mathematik haben Sie ein Verhaltenspotenzial erworben, mit welchem Sie ohne Umstände Probleme mathematische erfassen können und somit überdurchschnittlich schnell zu einer Lösung finden. Mit Verhaltenspotenzial ist somit die Erweiterung von Fähigkeiten aufgrund von erlerntem Wissen zu beschreiben. Direkt ist dies meistens nicht spürbar. Es ergibt sich in kleinen Situationen im Leben. Wer beispielsweise Hebelgesetze gut kennt der wird beim Bewegen von schweren Objekten (Umzüge etc) immer einen Vorteil haben, auch wenn dieser Mensch diesen selber nicht erkennt.

Im Umgang mit dem Verständnis der immateriellen Realität ist es ganz ähnlich. Damit wir dessen Inputs und dessen Erscheinung besser verstehen lernen, gilt es ein entsprechendes Verhaltenspotenzial zu erwerben. Dies qualifiziert unseren materiellen Geist für eine Erweiterung des Horizonts, was ein besseres Verständnis für nichtmaterielle Dinge zur Folge hat. Die große Frage hierbei ist: „Wie verbessere ich mein Verhaltenspotenzial für das Verständnis der immateriellen Existenz?"

Ganz oberflächlich gesagt, so wie es in der Überschrift steht, durch Erkenntnisse. Dies zu erreichen ist jedoch erheblich schwieriger, als sich eine etablierte greifbare Wissenschaft eigen zu machen. Es gibt keinen zugänglichen Vorreiter für uns Interessierte der westlichen Welt. Die meisten wissbegierigen Menschen haben nicht die Möglichkeit, oder den Antrieb, ihr

Leben von Grund auf zu ändern. Dies wäre jedoch erforderlich, wenn man ein hochgradiges metaphysisches Leben anstrebt. Solche Umbrüche sind jedoch ein zu großer Schritt und etwas übertrieben, wenn man lediglich seinen Horizont erweitern will. Es bedarf daher einer moderateren Form, damit sich das materielle Bewusstsein für diese Bereiche öffnet.

Erkenntnisse können ganz unterschiedlich gesammelt werden. Ein ganz einfacher Hinweis bezieht sich auf die Interessen. Beispielsweise habe ich 6 Bücher zum Thema der Quantenmechanik ausführlich gelesen und durchgearbeitet. Der Grund dafür liegt auf der Hand. Jedes Buch offeriert eine etwas andere Sichtweise, liefert andere Ansätze für Erklärungen und arbeitet mit unterschiedlichen Analogien. Viele verschiedene Bücher zum selben Thema liefern dennoch verschiedenes Wissen. Allein schon eine andere Betrachtung liefert neue Erkenntnisse. Die beeindruckenden Parallelen zur Traumwelt, welche ich in meinem Buch „die Realität der Träume = die Welt der Quantenmechanik" beschreibe, sind mir erst nach dem dritten Buch wirklich klar geworden. Daher mein ganz wichtiger Hinweis an Sie. Lesen Sie viele Bücher, ruhig auch religiöse Texte, zu diesem Thema. Befassen Sie sich mit Erscheinungen des Übersinnlichen und lesen Sie auch Bücher, welche vielleicht mal etwas weiter entfernt vom Thema liegen. Es ist hochinteressant wie diese verschiedenen Sichtweisen doch irgendwie alle ähnlich sind. Die Möglichkeiten der vorhandenen Analogien potenzieren sich ebenfalls mit der Auffassung verschiedener Blickwinkel. Und je komplexere Möglichkeiten zur Darstellung vorhanden sind und je abstrakter Ihre Möglichkeiten zum Denken sind, desto besser werden Sie diese fremden Welten verstehen können.

Auch müssen wir uns von dem klassischen Begriff der Erkenntnis befreien. Auf der anderen Ebene scheinen Erkenntnisse eher gespürt als erlernt zu werden. Einen beeindruckenden Inputs zu vernehmen ist zwar als neue Erkenntnis beschreibbar, stellt jedoch eher eine ganz besondere Empfindung dar. Denn, so wie unsere klassischen Erkenntnisse vermittelt werden können, sind diese fremden Inputs nicht wirklich vermittelbar. Erkenntnisse sind daher eher als Empfindungen einzustufen. Jedoch sind diese bedeutend besser einzuordnen, wenn sie wiederholt auftreten. So ist beispielsweise das überwältigende Gefühl von erlangter Luzidität auch in einem Zustand von Konzentration erfahrbar. In den folgenden Unterkapiteln werde ich eine Reihe von Hinweisen und Tipps geben, welche Ihr Verhaltenspotenzial für die nichtmaterielle Existenz fördern.

5.2. Methoden zur Sensibilisierung für die Trauminputs.

Ich versuche meine Hinweise zur Verbesserung der Trauminputs alltagstauglich zu gestalten. Dieses Buch ist primär für Einsteiger und Interessierte gedacht. Menschen, welche die Meditation oder Formen der Selbsthypnose beherrschen, werden von diesen Hinweisen daher nicht profitieren können. Eine solche Form des Verständnisses muss jedoch erst einmal ansatzweise errungen werden. Für Leser, welche sich auf diesem Weg befinden, sind diese Hinweise geeignet. Weiterhin möchte ich vorab auf die Komplexität dieser Thematik hinweisen. Bei meinen Darstell-ungen handelt es sich um Modifikationen von Darstellungen aus vielen Büchern. Dabei habe ich gemerkt, dass es extrem viele unterschiedliche Techniken und Herangehensweisen gibt. Nehmen Sie meine Hinweise daher lediglich als Richtungs-orientierung und passen Sie diese an Ihre eigene Persönlichkeit an. Weiterhin muss eine klare Grenze zwischen dem Erreichen von luziden Träumen und der Sensibilisierung für Trauminputs gezogen werden. Das Erlangen der Bewusstheit im Traum ist ein Thema für sich und wurde ansatzweise im Buch angesprochen. Auch wenn die Hinweise in diesem Kapitel mitunter recht ähnlich klingen, so ist das Ziel diesmal ein anderes. Wir haben nicht zum Ziel Bewusstheit zu erlangen, sondern die Träume umfassender wahr zu nehmen.

Mit dem wichtigsten Hinweis möchte ich gleich beginnen. Notieren Sie sich Ihre Träume! Das ist die wichtigste und effizienteste Handlung, wenn Sie Ihre Inputs der Traumwelt verstärkt realisieren wollen. Es gibt hierfür recht unterschiedliche Methoden. Sie können Ihren Traum gleich nach dem Erwachen direkt aufschreiben. Das große Problem dieser Methode ist die erforderliche Zeit. Wenn Sie in der Nacht erwachen und einen Traum aufschreiben möchten, dann sitzen Sie schnell mal 10 Minuten an den Niederschriften. Neben der verlorenen Schlafenszeit werden Sie dadurch munter, stören Ihren Partner und werden vermutlich schnell wieder damit aufhören. Denn einen oder zwei Träume notiert man sich vielleicht konsequent, aber sicherlich nicht 6 oder noch mehr Träume. Daher empfehle ich Ihnen eine Sprachaufzeichnung. Wenn Sie erwachen, dann sprechen Sie den gesamten Traum auf einen Datenträger. Fügen Sie dabei auch gleich aktuelle Bewertungen und Schluss-folgerungen mit ein. In der Regel ist dies nach 1 bis 2 Minuten erledigt. Ein großer Vorteil ist dabei auch die Möglichkeit viele Informationen zu notieren. Die Aufzeichnungen werden dadurch genauer und aussagekräftiger. Am nächsten Tag nehmen Sie sich dann mal etwas Zeit und schreiben diese Träume auf. Es ist wichtig, dass Sie mit dieser sehr einfachen Methode konsequent sind. Die Erinnerung an Träume wird merklich verbessert. Eine besondere Erkenntnis wird sein, dass Sie ausgesprochen viele Träume haben. Während wir uns anfangs in der Regel an 1 bis maximal 2 Träume erinnern können, werden es schnell 5 oder mehr. Dieser Erfolg ist schon ein Beleg dafür, dass die Sensibilisierung funktioniert. Machen Sie nicht den Fehler, dass Sie aus Faulheit sagen: „Ich steh eh in 30 Minuten auf, da spreche ich den Traum dann auf das Band.". Dies nur als Beispiel. Selbst wenn Sie ganz klare Erinnerungen an den Traum haben, so ist die Chance sehr hoch, dass Sie diesen wieder vergessen. Bedenken

Sie bitte. Der Traum ist nicht in Ihrem Gedächtnis gespeichert, so wie Daten auf einer Festplatte. Sie haben lediglich Zugang zu dem Traum gewonnen. Ich verspreche Ihnen, Sie werden erstaunt sein was Sie sich alles an Träumen notieren. Oft erinnert man sich nach dem Erwachen nicht einmal an die Tätigkeit des Aufnehmens, vom Traum an sich ganz zu schweigen.

Weiterhin sollten Sie über Träume nachdenken. Versuchen Sie zu erforschen, was da passiert ist oder was eben dargestellt wurde. Sie entwickeln somit ein Gefühl für Träume. Ein paar einfache Fragen können hierbei sehr helfen. Wie fühlte ich mich nach dem Traum? Was war sonderbares in diesem Traum? Woran hätte ich erkennen können, dass es ein Traum ist? Wie lang wird der Traum gewesen sein? Wie viele verschiedene Personen wirkten mit? Gab es sonderbare Wesen? Die Art der Frage orientiert sich natürlich auch am Trauminhalt. Wichtig ist hierbei der Versuch die Träume zu verstehen. So ebnen Sie sich die Bahn für eine bessere Einsicht in diese Welt.

Auch das Verhalten beim Einschlafen ist recht wichtig. So können Sie beispielsweise frühere Traumnotizen lesen. Sie können über die Struktur der materiellen und nichtmateriellen Welt nachdenken und versuchen diese zu verstehen. Denken Sie über die Beschaffenheit des Bewusstseins und Ihrer Psyche nach. Auf diese Weise wecken Sie ihr materielles Interesse und erleichtern somit einen Brückenschlag zwischen beiden Ebenen.

Ihr Erfolg steht und fällt mit Ihrem Interesse daran. Bleiben Sie hartnäckig bei diesem Thema und Sie werden Stück für Stück Ihren Umgang damit verbessern. Letztendlich werden bewusste Träume vermehrt auftreten und die Qualität ihrer Aufzeichnungen wird sich merklich verbessern. Meine Aufzeichnungen zu Beginn dauerten in längeren Träumen um die 30 – 40 Sekunden. Nach nur wenigen Wochen ist die durchschnittliche Dauer eines Mitschnitts über 2 Minuten gewesen.

5.3. Entspannung und Konzentration

Dies sind die beiden wichtigsten Fähigkeiten, damit die Inputs der Träume verstärkt werden können. Wie bereits erwähnt ist es wichtig sich ein entsprechendes Verhaltenspotenzial anzueignen. Eine verbesserte Konzentration sowie die Fähigkeit zur Entspannung haben eine konstant hochwertigere Traumarbeit / Traumaufnahme zur Folge.

Was genau bedeutet Entspannung? Neben der klassischen Definition hat jeder Mensch auch eine eigene Auffassung zu diesem Thema. So empfindet man ganz unterschiedliche Situation als entspannend. Es gibt daher auch keine festgelegte Methode, wie man sich am ehesten in eine Entspannung begibt. Im folgenden Kapitel werde ich Ihnen einige Richtlinien und Empfehlungen dazu geben. Warum ist Entspannung für die Traumverarbeitung so essenziell? Um diese Frage zu beantworten, müssen wir uns auf die Folgen der Entspannung konzentrieren. Während des Alltags erfahren wir viele Situationen. Es entstehen Probleme, wir entwickeln Lösungen, es ergeben sich neue Aufgaben. Das ganze materielle Leben ist sozusagen eine permanente Organisation von anstehenden Ereignissen.

Optimiert wird unser Umgang mit diesen Ereignissen durch Erfahrungen, also durch das Vergangene. Wir denken oft über bereits geschehene Dinge nach und versuchen daraus Schlüsse zu ziehen. Manchmal verbeißen wir uns in bereits vorgefallen Konstellationen und werden im Denken irrational. Dies erkennt man an Gedankengängen wie: „Hätte ich doch nur..." oder „Ich hätte es wissen müssen!". Derartige Gefühle sind frustrierend, da sie an der Natur, dem eigentlichen Sinn von Erinnerungen, vorbei zielen. Unser innerer Zeitpfeil besteht somit aus Erfahrungen und zu erwartenden Konstellationen. Beides gleichen wir in unserer Gegenwart ab, damit die Zukunft für uns optimal verläuft. Diese permanenten Abläufe erzeugen Spannungen. Aktives Nachdenken ist materiell orientiert und sorgt mehr oder minder für Stress. Es ist jedoch ein fester Bestandteil unserer materiellen Existenz, weshalb wir damit einfach umgehen müssen.

Diese resultierende Spannung reist uns förmlich aus der nichtmateriellen Welt und nagelt uns im materiellen Denken fest. Entspannung bedeutet daher nichts Anderes, als sich diesen Umständen zu entledigen. Es ist wichtig, dass wir verstehen wie und warum der Alltag auf uns wirkt und was die Folgen daraus sind. Jeder Mensch kann anders mit diesen Inputs umgehen. Manche vertragen diese gut und manche eben nicht. Aber alle müssen sich gänzlich davon lösen, wenn sie in die Phase der Traumerkundung eindringen möchten.

Der zweite wichtige Aspekt ist die Fähigkeit der Konzentration. Im Grunde korrelieren Entspannung und Konzentration eng miteinander. Um dies zu verdeutlichen, möchte ich vorab die Konzentration näher erläutern. Konzentration bedeutet die Bündelung der Sinne / oder eines Sinnes auf ein ganz bestimmtes Objekt. Wenn wir im Alltag unterwegs sind, dann nehmen wir viele verschiedene Dinge war. Wir hören Geräusche, sehen Autos, riechen eine Wiese und fühlen das Jucken im Schuh. Konzentration bedeutet nun, dass wir diese Inputs ausblenden und uns auf eine Sache konzentrieren. Das kann ein Objekt sein. Es kann sich auch um eine Aufgabe handeln oder um gezieltes Nachdenken. Wichtig ist dabei die bewusste Lenkung aller Ressourcen auf ein Thema und dabei die restlichen Inputs zu vernachlässigen.

Das Anspruchsvolle hierbei ist die Dauer. Für einen kurzen Zeitabschnitt sind wir alle in der Lage unsere Konzentration zu bündeln. Aber dies einige Minuten durchzuführen ist schon erheblich schwerer. Auch dazu werde ich im folgenden Kapitel einige Beispiele anbringen.

Die Fähigkeiten der Entspannung und Konzentration gehen Hand in Hand. Konzentration impliziert die mentale Stärke unerwünschte Inputs auszublenden. Entspannung erfordert es, dass wir uns nicht durch materielle Reize ablenken lassen. Ein entspannter Geist kann befreiter und zielstrebiger Informationen ordnen und sich somit besser auf etwas konzentrieren. Ich denke Entspannung und Konzentration sind enger miteinander verflochten als es uns wirklich klar ist. Im folgenden Kapitel, wenn ich auf Methoden zur Verbesserung dieser Fähigkeiten komme, wird dies offensichtlich.

Eine Vorraussetzung für eine erfolgreiche Arbeit mit diesen Fähigkeiten ist Zwanglosigkeit und Freude daran. Zwänge und Verbissenheit verwischen sofort die Effekte der Entspannung. Nehmen Sie meine Hinweise dazu lediglich als Richtung und modifizieren Sie diese nach Ihren Interessen. Die grundlegende Bedeutung von Entspannung und Konzentration dürfte Ihnen nun klar sein. Wie Sie dahin finden, das müssen Sie selbst erkunden. Ein paar Hinweise mögen Ihnen Anstöße geben, aber ein allgemeines Konzept dazu gibt es nicht.

5.4. Übungen zur Verbesserung der Konzentration.

Sich zu konzentrieren mag oberflächlich recht einfach erscheinen. Aber es ist eine schwere Aufgabe. Ein Beispiel zur Erläuterung des Anspruches vorab. Stellen Sie sich vor, dass Sie versuchen ein Rätsel zu lösen. Sicherlich kennen Sie eine solche Situation. Dabei müssen Ihre ganzen Gedanken auf dieses Rätsel fokussiert werden. Schon wenn sich zwischenzeitlich ein andere fixer Gedanke aufdrängt (eine Situation auf Arbeit, ein Szene aus einem Film ...), haben Sie ihre Aufmerksamkeit verloren. Zu Beginn werden Sie sehr oft erleben, dass Sie den Status Ihrer Konzentration prüfen. Sie sagen sich Dinge wie: „Jetzt war ich lange nicht abgelenkt.", Wie viele Minuten arbeite ich jetzt schon an der Lösung... . Auch solche themenbezogenen gedanklichen Ausschweife sind eine Ablenkung. Es ist das bekannte Problem, dass man versuchen soll nicht an eine Situation zu denken. Indem Sie diesen Gedanken pflegen, denken Sie eben doch an diese

Situation. Von Konzentration kann daher keine Rede sein. Das Ziel ist somit eine Art Automatismus der Konzentration, ohne dass man diesen bewusst steuern muss. Wie schafft man so was? So wie man eben alle Fähigkeiten im Leben erlernt. Man muss üben und geduldig dran bleiben. Dazu habe ich einige Übungen aufgeführt.

1. Übung:

Versuchen Sie sich auf einen Reiz zu konzentrieren. Es kann sich dabei um Reize aller 5 Sinne handeln. Die besten Erfahrungen jedoch habe ich mit akustischen und visuellen Reizen gemacht. Der Grund liegt bei der Rangordnung unserer Reize. Dem Sehen messen wir die größte Wichtigkeit zu. Gleich danach folgt dann das Hören, welches unser Weltbild formt. Daher ist eine Zentralisierung solcher Inputs am ehesten zu erlernen. Für visuelle Reize reichen simple Objekte, wie ein Nagel, ein Stift, ein Ball oder Andere. Wichtig dabei ist, dass es einfache Objekte sind. Komplexe Darstellungen wie ein Foto sind ungeeignet, da Sie einen umfassenden Kontext mitliefern. Es geht wirklich rein um die visuelle Beanspruchung. Sie werden sehen wie schwer es ist, wenn man die anderen Inputs der anderen Sinne versucht zu marginalisieren.

Akustische Reize sollten sich auf einen konstanten Ton beziehen. Es ist wichtig, dass man hierbei den Unterschied zwischen Entspannung und Konzentration erörtert. Bei Entspannungsmusik wollen wir unsere Gedanken fallen lassen und uns der Musik hingeben. Bei der Konzentration wollen wir voller Aufmerksamkeit die Laute wahrnehmen. Daher empfiehlt es sich zur Konzentrationsförderung einen einzelnen Ton und keine Melodie zu verwenden. So gibt es zum Beispiel Töne im Bereich von 6 – 10 Hertz, welche verwendet werden können. Deren konstanter Klang erfordern eine gute Aufmerksamkeit ohne gedankliche Abschweife.

Wenn Sie derartige Übungen machen, dann stellen Sie sich vorher den Wecker. Anfänglich sind 5 Minuten schon eine sehr gute Leistung, wenn man wirklich keine anderen Gedanken zulässt. Ziel sollte eine Steigerung bis maximal 20 Minuten sein. Natürlich wäre länger hervorragend, aber wir wollen die Alltagstauglichkeit der Methoden beachten. Diese Zeit ist vom Aufwand her zumutbar.

2. Übung

Führen Sie Berechnungen durch. Egal ob aus dem Bereich der Physik, der Chemie, der Logik oder anderen Wissenschaften. Alle mathematischen Berechnungen erfordern Konzentration. Je komplexer diese sind, desto aufmerksamer müssen Sie sein. Die Richtigkeit derartiger Aufgaben gibt Aussage über Ihre Konzentration. Die Anforderung im richtigen Moment an das Richtige zu denken, den richtigen Weg zu wählen und kleine Dinge zu beachten sind anspruchsvoll. Eine Richtlinie hierfür kann ich nicht geben. Ausgangssituation ist Ihr aktuelles Leistungsniveau. Wenn die Aufgaben aus Ihrer sicht komplexer werden, dann haben Sie sich verbessert. Und darum geht es.

3. Übung:

Das Hintergrundrauschen beachten. Hierbei sind akustische Reize gemeint. Dafür müssen Sie wissen, dass täglich eine Unmenge an Geräuschen um uns vorhanden ist, welche wir gar nicht registrieren. Sie sind entweder knapp unter unserer Wahrnehmungsschwelle (16-20.000 Hertz), oder zu unbedeutend. Diese Geräusche werden in ein Rauschen verbaut, welches wir nicht beachten, da es schon immer da ist. Aber(!), wenn Sie sich hinlegen und für Ruhe sorgen, dann ist es möglich dieses Rauschen zu hören. Es ist ein interessantes Konzentrationsobjekt, da es leichten Schwankungen unterliegt. Zumal besteht die Möglichkeit Signale heraus zu filtern, was große Aufmerksamkeit erfordert. Machen Sie dies einfach für 15 Minuten. Erfolge erkennen Sie daran, wenn Sie Signale des Rauschens erkennen, also wenn Sie diese herauslösen aus dem Rauschen.

4. Übung

Gezieltes Nachdenken. Hierbei versuchen Sie in entspannter Position ein Randthema zu zentralisieren. Wichtig ist, dass es kein aktuelles Thema des Alltags ist. Darüber nachdenken ist recht einfach, da es ein aktuelles „Problem" ist. Schwerer ist es hingegen über eine Farbe, ein Objekt oder ein Gefühl nachzudenken. Das sind ausgezeichnete Elemente für diese Übung der Konzentration. Wichtig für das Nachdenken ist ebenfalls der Inhalt. So bringt es nichts, wenn man bei einer aktuellen Situation darüber nachdenkt, was daraus passieren könnte. Oft beschwören wir auf diese Art Probleme, welche noch gar nicht geboren sind und vergessen so das eigentliche Problem. Über etwas nachdenken heißt, eben genau dieses bestimmte Subjekt zu fokussieren. Diese Fähigkeit erlernen Sie ausgezeichnet mit dieser Übung.

Die Übungen sind ein kleiner Auszug aus vielen verschiedenen Möglichkeiten. Letztendlich ist es wichtig, dass Sie für sich die idealen Übungen erkunden und diese nutzen. Gern können Sie auch meine Darstellungen etwas modifizieren. Bringen Sie Abwechslung in Ihr „Training", damit Sie bei Laune bleiben. Und setzen Sie sich nicht unter Druck. Sie müssen sich immer über Folgendes im Klaren sein: Jedes mal, wenn Sie diese Übungen durchführen, verbessern Sie Ihre Konzentration. Wie lange es nun dauert hängt von Ihnen, Ihrer Persönlichkeit und Ihrem Bewusstsein ab.

5.5. Übungen zur Verbesserung der Entspannung.

Analog zum Thema der Konzentration kann man auch zur Entspannung Stellung beziehen. Um tatsächlich in eine Phase der Entspannung zu kommen, muss die Psyche von eben diesem Gedanken gelöst werden. Darunter ist zu verstehen, dass wir nicht daran denken dürfen zu entspannen. Es ist das bekannte

Beispiel, wenn man sagt: „Du musst dich jetzt mal entspannen!".
Allein dieser Aussagesatz impliziert Anspannung. Entspannung
darf keinesfalls mit der Kontrolle des eigenen Zustandes
einhergehen. Daher korreliert die Fähigkeit zur Entspannung auch
mit der Fähigkeit zur Konzentration. Konzentration impliziert die
Fähigkeit Einflüsse zu ignorieren, was eine Vorraussetzung für
die Entspannung ist. Daher empfehle ich unbedingt mit Übungen
zur Konzentration zu beginnen. Außerdem sollte es immer ein
primärer Bestandteil bleiben die Konzentration zu fördern. Nach
und nach werden einige Übungen der Konzentration durch
Entspannungsübungen ersetzt.
Ein weiterer wichtiger Aspekt ist Folgender. Entspannung
bedeutet nicht schlafen. Wer sich in bequemer Position entspannt,
der driftet anfangs schnell in den Bereich des Schlafens. Die
Entspannung ist somit verfehlt. Ausnahme ist natürlich, wenn Sie
Entspannungsübungen machen um Ihren Schlaf zu fördern. Der
schmale Grad zwischen tiefer Entspannung und dem Erhalt der
Wachsamkeit ist ein sehr beeindruckendes Erlebnis. Nach einiger
Zeit werden Sie diese Schwelle spüren. Es erscheint so, als würde
man zwischen 2 Ebenen hin und her schwanken. Diesen
Schwebezustand gilt es dann zu halten und zu erforschen.
Anfangs werden Sie diesen Zustand nicht lange halten können.
Zuviel Konzentration löst die Entspannung und zu viel
Entspannung führt zum Einschlafen. Daher ein kleiner Tipp.
Neigen Sie eher zur Konzentration. Denn wenn Sie einmal
eingeschlafen sind, dann werden Sie den etwaigen Erfolg zuvor
vergessen. Nach dem Erwachen wissen Sie nur, dass Sie es eben
nicht geschafft haben bei Bewusstsein zu bleiben. Sie werden
sich aber auch nicht an die Phase der Gradwanderung zwischen
den Ebenen erinnern. Daher versuchen Sie eher die Entspannung
durch zu viel Konzentration zu verlieren. So erhalten Sie sich Ihre
Erfahrungen.
Die folgenden Übungen geben einen Einblick in eine kleine
Auswahl von Methoden. Auch bei der Entspannung empfehle ich

Ihnen unbedingt diese Übungen für sich zu modifizieren. Entspannung setzt Wohlfühlen voraus. Daher schaffen Sie sich angenehme Einflüsse.

1. Übung:

Konzentration auf ein im Geiste geschaffenes Bild. Schaffen Sie sich ein eigenes angenehmes Bild und holen Sie sich dieses vor Ihr inneres Auge. Seien Sie nicht zu versteift auf die Details des Bildes, sondern richten Sie den Fokus auf das vermittelte Gefühl. Dieses sollte angenehm und beruhigend sein. Bald wird das Bild nebensächlich sein und das Gefühl gewinnt die Oberhand. Auf diese Weise gehen Sie über die Konzentration in die Entspannung. Diese Methode ist etwas anspruchsvoller, da die Erschaffung eines Bildes schwer ist. Bitte setzen Sie sich damit nicht unter Druck. Es kann was ganz einfaches, wie eine Kerze oder eine Wasseroberflächesein.

2. Übung:

Gehen Sie in sich und denken Sie an Melodien. Dabei meine ich nicht irgendeinen „Ohrwurm". Werden Sie etwas rhythmisch und lassen Sie einen eigenen einfach Takt entstehen. Diese Kreation ist Ihre eigene Darstellung des inneren Zustandes und kann sehr abstrakt sein. Wenn Sie sich dem Takt anpassen, dann verfallen Sie schnell in eine Art „Trance". Erfahrungsgemäß ist die Gefahr des Einschlafens bei dieser Methode recht gering. Es handelt sich hierbei um eine eher leichte Übung. Der Einstieg muss nur erstmal gefunden werden. Damit meine ich den Zustand, in welchem diese innere Schöpfung entfaltet wird. Einen Wegweiser hierfür kann ich nicht geben, aber bleiben Sie locker. Sie finden recht schnell dazu.

3. Übung:

Fokussieren Sie Ihren Puls. Dieses taktile Meditationsobjekt ist recht beliebt. Dabei achten Sie einfach auf Ihren Herzschlag und verinnerlichen diesen. Mit der Zeit lösen Sie sich von dem direkten Empfinden und lassen ihn nur noch latent wirken. Sie reihen sich in diese beruhigende Frequenz ein.

4. Übung:

Diese Übung bezieht sich auf die Atmung. Die Atmung steht in tiefem Zusammenhang mit den restlichen Systemen des Körpers. Somit bestimmt Ihre Art und Weise den körperlichen Zustand. Atmen Sie ruhig und gleichmäßig. Drängen Sie sich dabei keinen festen Rhythmus auf, sondern finden Sie Ihren eigenen Stil. Zählvorgaben etc haben immer den Nachteil, dass Sie uns in eine Matrix zwängen. Dies sorgt jedoch für Anspannung. Wer mit gesundem Menschenverstand auf seine Atmung achtet, der wird schnell wissen was eine beruhigende Frequenz ist.

Diese Übungen hängen, wie bereits erwähnt, eng mit Konzentration zusammen. Die Konzentration ist somit ein Fundament, auf welchem Entspannung aufbaut. Der wesentliche Unterschied besteht in der Quelle der Reize. Bei Übungen zur Konzentration sind es tatsächliche Inputs, welche wir zentralisieren. Bei der Entspannung hingegen sind es teilweise eigens erschaffene Reize, mit dem Ziel das vermittelte Gefühl zu verinnerlichen.

Es können also alle Konzentrationsübungen auch zu Entspannungspraktiken modifiziert werden. Ich habe bei den Übungen zur Entspannung bewusst keine zeitlichen Richtlinien gegeben. Man kann in diesem Bereich nicht sagen was gut und erforderlich ist. Entspannung ist etwas, was erlebt werden muss. Wer sich innerhalb von 5 Minuten in diese Phase bringen kann ist gut. Wer es nach 30 Minuten schafft ist auch gut. Nur wer es nicht schafft sollte üben, um den Weg zwischen den Welten zu ebnen.

5.6. Was kann man von diesen Übungen erwarten?

Diese Frage ist recht allgemein gehalten. Grundlegend kann man sie in Bezug zu allen Ereignissen stellen, welche sich auf die nichtmaterielle Ebene beziehen. In diesem Buch ist sie jedoch spezialisierter zu verstehen. Wir stellen Sie daher in den Kontext der Traumerfahrungen. Träume können eine besondere Wirkung auf uns haben. Dabei kann es zur Erweiterung des Verständnisses im Bezug auf die Beschaffenheit der Existenz kommen. Durch Träume können wir ganz bestimmte Gefühle, erstrebenswert sind natürlich Glücksgefühle, erfahren, welche uns eine ungeahnte Menge an Kraft und Energie geben. Auch philosophische Einblicke und Sichtweisen können eine Folge aus besonderen Träumen sein. Träume sind die Vereinigung von unserer Ebene mit einer oder mehreren anderen Ebenen, woraus ein umfassenderes Bild auf dem Gesamtkonzept der Existenz resultiert. Solche Erfahrungen sind überwältigend für die entsprechende Person.

Der durchschnittliche Bürger macht solche Erfahrungen, wenn er diese überhaupt macht, sehr selten. Es müssen viele Faktoren übereinstimmen, damit ein solches Erlebnis daraus entstehen kann. Wesentlicher Indikator für diese Erfahrungen sind die ausführlich dargestellten Eigenschaften der Konzentration und Entspannung. Der Erwerb dieser Fähigkeiten impliziert eine verbesserte Verbindung dieser Ebenen. Somit verbessert sich die Qualität von solchen außersinnlichen Erfahrungen ungemein. Das ist die erste Folge von der Intensivierung dieser Fähigkeiten. Luzide Träume, Deja Vu, Eingebungen und Intuition werden besser verstanden. Da das Erkennen solcher Erfahrungen mit Verständnis und Gelassenheit korreliert, ist diese Schlussfolgerung logisch.

Eine weitere Folge ist die Häufigkeit solcher Phänomene. Wer aktiv mit seinen Träumen arbeitet, der wird sehr viel mehr besondere Erfahrungen aus diesen Erlebnissen ziehen können. Natürlich funktioniert dies nicht auf Kommando. Zumindest auf dem Status nicht, welchen wir als Normalbürger erreichen können. Denn die nutzbare Zeit für dieses Interesse ist neben arbeiten, Familie, Freundschaften und andere Hobbys nun einmal begrenzt. Aber wir können mit Sicherheit davon ausgehen, dass die Häufigkeit diverser Erfahrungen im Mittel stark zunimmt. Bevor ich mich mit diesen Themen innig befasste erfuhr ich schätzungsweise einmal in 3 Monaten einen luziden Traum, welcher mehr oder minder ausgeprägt war. Schon nach einigen Wochen, nachdem ich begann mich diesem Thema zu widmen, konnte ich bereits drei- bis viermal monatlich luzide Träume verzeichnen. Gleichzeitig ging die Erfahrung von Deja Vu's auffällig hoch, was die Konklusion rechtfertigt, dass es sich bei beiden Phänomenen um eng verstrickte Erscheinungen handelt.

Wir wissen, dass wir die Inputs, welche Träume verursachen, auch im wachen Zustand erfahren. Uns ist nun ebenfalls klar, dass wir diese aufgrund unserer aktiven Sinne nicht materiell bewusst registrieren. Wenn aber die Verbindung, aufgrund der Verbesserung der benannten Fähigkeiten, gefestigt wird, dann sind wir dafür auch tagsüber empfänglicher. Unser Gefühl, unsere Intuition, bekommt mehr Kraft und mehr Aufmerksamkeit, was gut ist. Denn Aufgrund dieser Fähigkeit haben wir Zugang zu materiell nicht vorhanden Informationen. Natürlich müssen wir lernen darauf zu vertrauen und entsprechend zu handeln. Dies ist keine leichte Aufgabe, da wir uns eben sehr materiell orientiert entwickelt haben.

Zusammenfassend kann man also sagen, dass wir einen verbesserten Zugang zu der immateriellen Ebene erlangt haben, welcher uns latent immer zur Verfügung steht. Bewusst oder unbewusst werden wir uns an diesen Inputs orientieren, was ein großer Vorteil für uns als Individuum ist. Und, es ist einfach zu hoffen, wir werden unsere Ideale und unseren Umgang mit dem Umfeld ebenfalls anpassen. Auf diese Weise entsteht eine soziale Intelligenz, welche einem großen Teil der aktuellen Gesellschaft derzeit leider abzusprechen ist. Die Beschäftigung mit der Ganzheit und dem immateriellen Verbund des materiell Existenten, lässt uns auch über unsere Rolle nachdenken und an so manchen Selbstverständlichkeiten der Gesellschaft zweifeln.

Kapitel 6: Einflüsse der anderen Ebene auf uns.

Diese immaterielle Welt ist, neben unserer materiellen Welt, ein gleichwertiger Bestandteil der gesamten Realität. Ob es darüber hinaus noch weitere Bestandteile gibt möchte ich keinesfalls ausschließen. Aber dies ist nicht Thema des Buches, da wir lediglich den Bezug dieser beiden Ebenen betrachten. Natürlich stehen wir mit allen Ebenen der Existenz in einer Art Interaktion, was unweigerlich zu Einflüssen auf unsere Persönlichkeit führt. Diese Einflüsse möchte ich im Folgenden näher betrachten.

6.1. Ursachen für besondere Gemütszustände.

Wir alle kennen die Situation, dass wir eine ganz bestimmte Laune haben. In den meisten Fällen ist uns auch die Ursache dieser Laune bewusst. Einflüsse unserer materiellen Realität haben eine Wirkung auf unsere materielle Seite und auf unsere nichtmaterielle Seite. Wenn wir beispielsweise sehen, dass sich eine Person in einer Warteschlange vordrängelt, dann reagieren wir auf beiden Ebenen. Innerlich sind wir darüber erbost und etwas wütend. Über die Ausprägung des Zustandes spielt natürlich der gesamte Umstand eine wichtige Rolle. Aber Tatsache ist, dass wir es als negativ empfinden. Dies ist die immaterielle Reaktion darauf. Die materielle Reaktion erfolgt natürlich ebenso zeitnah. Entweder atmen wir tief durch, reagieren durch Mimik, schütteln mit dem Kopf, zeigen mit dem Finger auf die Person oder wir gehen sogar hin und treten in eine Interaktion. Auch bei dieser Form der Reaktion definiert der Umstand die Art unserer Reaktion. Somit sind beide Reaktionen unserer Person eindeutig nachvollziehbar und einzuordnen. Mit diesen Reaktionen beeinflussen wir zudem auch unser Umfeld. Wenn wir uns darüber aufregen, dann versuchen wir Bestätigung bei anderen Menschen zu finden. Wenn wir die Person ansprechen, dann ziehen wir den Zuspruch der anderen

Geschädigten auf uns. Unsere Reaktionen und Aktionen führen immer zu einer Ereigniskette in unserem Umfeld. Das ist bekannt.

Jedoch ist nicht immer die Ursache des eigenen Zustandes so klar zu definieren. Jeder von Ihnen wird sicherlich schon mehrmals erlebt haben, dass eine bestimmte Laune vorherrscht. Man erscheint irgendwie glücklich und zufrieden. Andere sind wiederum genervt und reizbar. Alle Reaktionen, welche die materielle Realität erzwingen kann, scheinen auch willkürlich aufzutreten. Ohne erkennbaren Grund haben wir Schlafstörungen. Manchmal ist unsere Reizschwelle derart niedrig, dass wir selbst ganz verblüfft darüber sind. Wiederum in anderen Momenten scheinen wir vor Lebensenergie zu platzen und würden nur zu gern wissen, wie wir zu diesem tollen Gefühl gelangt sind.

Solche Gemütszustände, welche nicht eindeutig zugeordnet werden können, sind nicht allein der Willkür geschuldet. Auch diese sind eine Folge aus einem bestimmten Einfluss. Da die immaterielle Ebene der unseren gleichwertig ist, sind auch deren Inputs als gleichwertig zu betrachten. Jede Emotion hat ein charakteristisches auftreten. Nur nehmen wir dieses Auftreten nicht mit unseren 5 Sinnen wahr. Wir können Emotionen nicht sehen, hören, fühlen (als taktiler Reiz), schmecken oder riechen. Wir können diese lediglich spüren. Diese Inputs beeinflussen gleichermaßen unseren materiellen und immateriellen Bereich. Wenn wir überraschend gut gelaunt sind, dann strahlen wir eine gewisse Freundlichkeit und Wohlbefinden aus. Demnach reagiert auch unser Umfeld auf uns. Es ist sogar erwiesen, dass selbst Pflanzen auf positive psychische Reize reagieren. Wir reagieren also auf der materiellen Ebene.

Unsere Reaktion im immateriellen Bereich ist natürlich noch ausgeprägter, da sich der Input auf dieser Ebene befindet. Wir nehmen diesen Input ja direkt auf. So wie wir bei materiellen Inputs primär mit materiellen Elementen reagieren, so bewirkt ein immaterieller Input eine primäre immaterielle Reaktion.

Dabei ist noch eine Frage recht interessant und bedarf der Erläuterung. Wenn wir aufgrund eines immateriellen Inputs eine bestimmte Emotion repräsentieren, so stellt sich die Frage ob es sich dabei um eine tatsächliche Reaktion oder eine Übernahme eines Zustandes handelt. Es ist analog einer Situation im Alltag. Stellen Sie sich vor, Sie beobachten eine Ungerechtigkeit. Sie haben 2 Möglichkeiten, wenn Sie darauf reagieren. Entweder Sie schließen sich einer der beiden Parteien (dem Initiator der Ungerechtigkeit oder dem Empfänger) an, oder Sie bleiben passiv und bewerten dies nur, ohne aber aktiv zu werden. Ähnliche Unterschiede gibt es auf der immateriellen Ebene. Unser überraschender geistige Zustand kann eine Reaktion auf einen Input sein, oder aber die Übernahme dieses Inputs. Was bewirkt dieser Unterschied? Dies möchte ich mit Hilfe der folgenden Grafik illustrieren.

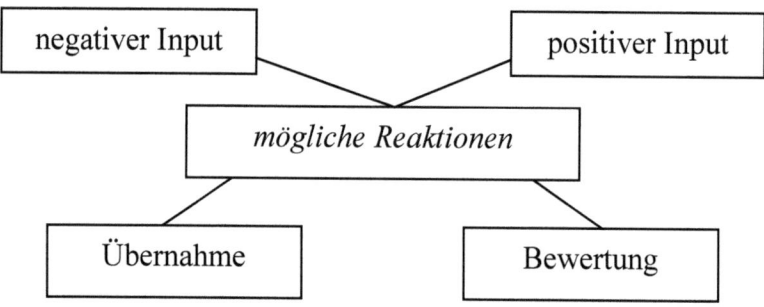

Die beiden Möglichkeiten der Reaktionen implizieren natürlich auch den resultierenden Gemütszustand. Wie in der materiellen Realität haben wir auch auf unserer immateriellen Ebene die Möglichkeit der Wahl. Diese Wahl bestimmt maßgeblich unseren resultierenden psychischen Zustand. Die Übernahme ist als Anpassung zu verstehen. Wenn ein Mensch glücklich und zufrieden ist, dann ist dies ein erstrebendwerter Zustand. Aus der materiellen Sichtweise ist dieser Zustand kaum kopierbar. Denn man vermutet (!), dass der Zustand aus dem Lebensstandard der Person resultiert. So hat die Person eventuell 2 Kinder, ein großes Auto, eine Eigentumswohnung, hat gerade Urlaub, empfängt schon Rente, bekommt gute Noten oder spielt gut Fußball. In den meisten Fällen ist uns eine direkte Übernahme der materiellen Indikatoren nicht möglich. Aus der immateriellen Sicht ist eine Übernahme jedoch denkbar einfach. Wir müssen es einfach tun. Es klingt banal, aber anders kann es nicht ausgedrückt werden. Die Übernahme von Empfindungen geschieht, und das immer dann, wenn wir scheinbar ursachenlose Veränderungen in der Psyche verspüren.

Die andere Reaktion ist die Bewertung. Dabei beurteilen wir einen bestimmten Reiz ohne diesen zu übernehmen. Aber dabei ist Vorsicht angebracht. Eine Urteilsbildung kann oft zu unerwarteten Reaktionen führen, so wie Missgunst, Neid, Wut, Empörung oder Verachtung. Davor sollte sich unbedingt gehütet werden. Die Reaktion der Bewertung ist angebracht, wenn ein Input eher negativ ist und nicht übernommen werden sollte. Dann erfolgt eine bedachte Bewertung und somit keine negative Anpassung des eigenen Zustandes. Die Übernahme hingegen ist eine Reaktion, welche bei positiven Umständen erstrebenswert ist.

Dies alles mag recht theoretisch klingen, aber es versteckt sich in diesen Hinweisen eine interessante Möglichkeit zur Verbesserung der Lebensqualität. Denn nichtmaterielle Inputs sind überall zeitgleich vorhanden, da keine Lokalität vorherrscht. Wer erlernt hat sich deren zu bedienen wird deutliche Verbesserungen im emotionalen Zustand erfahren. Auch hierbei ist das aktive Arbeiten mit der fremden Ebene eine hilfreiche Unterstützung.

6.2. Wir erhalten Informationen.

Dass diese fremde Realität ein „Ozean aus Informationen" ist, haben wir bereits erkundet. Informationen kennen wir auch aus unserer materiellen Realität. Hier ist Wissen jedoch im Stil der materiellen Realität vorhanden. Zum Beispiel in Form von Büchern. Bücher beinhalten bekanntlich Informationen. Ein Buch an sich ist jedoch eine Ansammlung von Materie, welche willentlich in eine bestimmte Struktur gebracht wurde. Die Anordnung der materiellen Bestandteile eines Buches ist als Code zu verstehen, welcher Informationen speichert und abrufbar macht. Jedoch muss der Empfänger dieses Codes die Darstellung verstehen können. Somit muss er „wissen", was die einzelnen Symbole bedeuten. Woher kennt er diese? Lesen und schreiben erlernen wir naturgemäß bereits in jungen Jahren.

Als erstes erlernen wir im Kleinkindalter die Sprache. Diese Inhalte werden gespeichert. Die bereits erwähnte Frage, ob Informationen direkt in unserem Gehirn gespeichert werden oder ob ein Zugang zu diesen Informationen auf einer anderen Ebene gelegt wird, lassen wir jetzt einmal außen vor. Beziehen wir uns darauf, dass im Gehirn bestimmte biochemische Strukturen Wissen ermöglichen, woraus folgend wir Sprache und auch das geschriebene Wort verarbeiten können. Im Grunde ist unser Gehirn ähnlich wie ein Buch. Eine bestimmte Struktur von Neuronen und Synapsen ermöglicht Wissen. Beim Buch gibt die Struktur von Druckerfarbe und Papier die Möglichkeit. Ähnlich verhält es sich mit Datenträgern in der Computerwelt.

Wenn man darüber einmal genauer nachdenkt, so müsste Eines auffallen. Sämtlich gespeichertes Wissen benötigt wiederum Wissen, damit die Niederschrift eben dechiffriert werden kann. Das Wissen zur Dechiffrierung wurde uns ursprünglich von anderen Menschen (Eltern, Schule) vermittelt. Wir lernen lesen, damit wir Bücher verstehen und Zugang zu komplexeren Informationen haben. Wenn man darüber genauer reflektiert, dann muss man zu dem Schluss kommen, dass unsere materielle Welt keine Informationen enthält. Sie enthält nur Codes, welche Informationen vermitteln. Irgendwo scheint da etwas zu fehlen.

Wie wurde der Anfang gemacht? Wo ist der Ursprung einer Information?

Eigentliches Wissen strömt aus einer ganz anderen Ebene in unsere Realität ein. Unsere Realität bietet lediglich eine Unmenge an Möglichkeiten wie diese Informationen direkt, von einem materiellen Sender zu einem materiellen Empfänger, verbaut werden können. Sie macht Wissen sozusagen nutzbar.

Informationen sind in nichtlokaler Form in der anderen Ebene existent. Wir schlagen im materiellen Stil nur einen Durchgang zu diesen Informationen und machen sie somit abrufbar. Interessant ist jedoch, dass Informationen, wie auch die vorher erwähnten Empfindungen, permanent auf uns einwirken. Sie sind immer und überall vorhanden, was zu seltsamen Erlebnissen führen kann. In einem meiner anderen Bücher habe ich einmal eine interessante Erfahrung aus meinem Leben hierzu aufgeführt. Der Vollständigkeit halber möchte ich diese noch einmal aufführen: *Ich beschloss mit dem Auto an einen bestimmten Ort zu fahren. Ich machte mich fertig und redete etwas vor mich hin. Ich musste stark an eine lustige Geschichte denken, welche ich mal bei einem Bekannten auf dem Handy gehört habe. Es war ein Gag eines mir unbekannten Komikers. Jedenfalls war dies schon mindestens 2 Jahre her gewesen. Ich musste darüber lachen. Als ich eine viertel Stunde später am Zielort angekommen war, da sah ich am gegenüberliegenden Einkaufszentrum einen Promotionstand aufgebaut. Dort stand eine Musikanlage. Und an diesem Stand wurde nun laut der eben erwähnte Gag abgespielt.*

Ich erlangte also eine Information über meinen Zielort auf einem Weg, welcher der Lokalität widerspricht. Daher erhielt ich diese Information durch eine „zufällige" Konstellation in Bezug zu der immateriellen Welt.

Informationen dringen so öfter in uns ein, als es uns bewusst ist. Dafür betrachten wir einmal den Prozess der Entscheidungsfindung.

Wenn wir vor einer Wahl stehen, dann wägen wir natürlich ab. Wir ersuchen die uns bekannten Fakten und treffen darauf beziehend unsere Entscheidung. Dies kann auf 2 Wegen geschehen. Wenn wir erwartend mit einer Entscheidungsfindung konfrontiert werden, dann denken wir darüber nach und wägen ab. Wir ziehen Schritt für Schritt die bekannten Fakten heran. Danach fällen wir eine Entscheidung. Manchmal empfinden wir dabei ein Unbehagen, welches wir nicht erklären können. Es scheinen noch Fakten zu existieren, welchen wir uns nicht gewahr sind, wir aber wissen, dass diese unsere Entscheidung beeinflussen. Der eigene Bezug zu diesen unbekannten Fakten ist als schleierhaft vorstellbar. Wir wissen, dass da etwas ist, aber können es nicht klar definieren. Einfach weil wir es nicht materiell wissen, sondern nur indirekt erfahren. Die meisten Menschen haben verlernt sich auf ihr Gefühl zu verlassen und treffen daher die falschen Entscheidungen. Es ist wichtig, dass wir ein solches Gefühl verstehen und einordnen können. Wenn wir das tun, dann werden wir auch besser darauf hören können.

Andere Entscheidungen werden sehr schnell getroffen. Es sind die kleineren alltäglichen Entscheidungen, welche wir täglich zu hunderten treffen. Wir sind uns derer gar nicht mehr bewusst. Diese Entscheidungen basieren auf einem blitzschnellen Abgleich von Fakten und Erfahrungen. Hierbei spielt der Einfluss der immateriellen Welt eine große Rolle, da das aktive materielle Denken ausgeblendet ist. Wir rufen jemand an und erfahren, dass es ihm schlecht geht. Wir fahren früher los, weil wir in einen Stau kommen. Wir gehen in die Küche, weil der Herd noch an ist. Oft führen wir anfangs belanglose Handlungen durch, welche im Nachhinein goldrichtig gewesen sind. Viele reagieren dann darauf mit der fixen Bewertung: „Das ist doch Zufall gewesen!". Aber der Zufall wird schon längst mit Zweifeln betrachtet. Es sind ganz einfach andere unbekannte Einflüsse, welche einen solchen „Zufall" zur Folge haben.

6.3. Der Einfluss auf unsere Persönlichkeit.

Was genau ist eigentlich unsere Persönlichkeit? Im dualen Charakter sollten wir sie als Summe von materiellen und immateriellen Indikatoren betrachten. Wenn wir diese beiden Bereiche genauer analysieren, dann müssen wir folgende Schlüsse ziehen. Einen individuellen immateriellen Bereich unserer Persönlichkeit kann es nicht geben. Abgegrenzte Existenzen setzen eine Form von Lokalität voraus, welche es in der nichtmateriellen Welt nicht gibt. Daraus schlussfolgernd ist der Bereich der „Seele" (wenn man diese als Pendant des materiellen Körpers betrachtet) für alle der Selbe. Ein einziges, großes und umfassenden Etwas, welches die Ganzheit versinnbildlicht. Unsere Interpretation der Inputs lassen zwar lokal Strukturen vermuten, aber dies ist nur so, weil wir nur gelernt haben lokal zu denken.

Daher wird die Individualität unserer Persönlichkeit ausschließlich von den materiellen Strukturen bestimmt. Der immaterielle Bestandteil, so sollten wir ihn betrachten, ist der „Funke des Lebens". Die materielle Seite hingegen definiert die Art des Lebens. Dazu gehören jegliche Variationen von Lebensformen, sowie eben die individuelle psychologische Struktur eines Individuums.

Als Gegenargument dieser Aussage könnte man die grundsätzlich verschiedenen Wesenstypen der Menschen anbringen. Sogar unter gleichaltrigen Geschwistern gibt es beträchtliche Unterschiede. Aber auch dies ist mit der rein materiellen Betrachtungsweise vollkommen begründbar, sodass man keine immateriellen Grundvoraussetzungen implizieren muss. In der Chaostheorie werden Systeme, unter anderem auch neurologische Strukturen wie das Gehirn, als chaotisch bezeichnet. Chaotisch bedeutet, dass eine kleine Veränderung der Ausgangswerte grundlegende Veränderungen in der zeitlichen Entwicklung bedeuten können. Es ist daher nur eine kleine Variation in der

Entwicklung eines Individuums nötig, um grundlegend verschiedene Charaktere hervor zu bringen. Wenn man die verschiedenen Geschichten von vermeintlich im gleichen Stile lebenden Menschen betrachtet, dann ist eine Drift in größere Unterschiede sogar recht wahrscheinlich. Denn jedes Individuum erfährt ganz besondere eigene Inputs. Diese prägen seine Persönlichkeit und somit das Bild der Welt. Damit ist bereits der Grundstein dafür gelegt, dass gleiche Dinge von 2 Menschen differenziert betrachtet werden können. Aus dieser unterschiedlichen Betrachtung resultieren zwangsläufig weitere Unterschiede in der Persönlichkeit. Somit hat jeder Unterschied einen Einfluss auf die folgenden Erfahrungen, welche diese Differenz fortführen und auseinander gleiten lassen können.

Kommen wir nun zurück zum Einfluss auf unsere Persönlichkeit. Wir haben bereits erfahren, dass alle Einflüsse der materiellen Realität unsere Persönlichkeit formen. Das erscheint uns als logisch. Betrachten wir in diesem Kontext einmal unsere Träume. Träume beeinflussen unser Kurzzeitgedächtnis. Wenn wir erwachen, dann denken wir an diese Träume. Wenn wir sehr intensive Träume gehabt haben, dann, je nach Trauminhalt, sind wir bestürzt, geschockt, glücklich, erfüllt oder nachdenklich. Der Einfluss auf unser Gehirn ist also offensichtlich. Nun müssen wir wissen, dass jede Erfahrung auch eine Langzeitreaktion zur Folge hat. Denn jedes Erlebnis wird auch im Langzeitgedächtnis gespeichert. Im Laufe der Zeit vergessen wir diese Träume größtenteils zwar, aber die physische Struktur im Gehirn ist dennoch gelegt. Dabei stehen die Traumerfahrungen den materiellen Erfahrungen in nichts nach. Denn auch an Erlebnisse der materiellen Realität können wir uns nach einigen Jahren nur noch extrem selektiv erinnern. Wenn wir über unsere Erinnerungen reflektieren, dann werden wir dort sicherlich auch Träume entdecken, welche viele Jahre alt sind. Nach einem ausreichenden Zeitraum sind Erinnerungen an echte Erlebnisse und an Träume kaum noch unterscheidbar. Ausgenommen sind natürlich Träume mit sehr phantastischen Inhalten, welche unser logischer Menschenverstand als unreal erkennt.

Dies alles lässt uns mit großer Sicherheit sagen, dass Träume und somit die Inputs der fremden Realität, unsere Persönlichkeit stark beeinflussen. Zumal wir die Träume, an welche wir uns nicht erinnern, hierbei noch gar nicht berücksichtigt haben. Denn auch diese werden latent einen Einfluss ausüben.

Träume sind bekanntermaßen die Summe der Analogien, mit welchen wir die fremde Realität für uns verständlich machen. Diese Analogien werden dadurch gebildet, wie wir unsere Welt sehen und einordnen. Wenn wir diesen Gedankengang zu Ende führen, dann müssen wir folgenden Schluss fassen. So wie wir unsere Welt sehen und bewerten, so trifft uns dieses Bild im Traum wie ein Boomerang. Dies impliziert eine Anpassung unsere Persönlichkeit an das Bild, welches wir vom Umfeld haben. So wie wir denken, so werden wir. Mit dieser Schlussfolgerung nimmt die Aussage: „Ich denke, also bin ich." eine ganz andere Sichtweise an.

6.4. Eine Art der Kommunikation.

Kommunikation bedeutet nichts weiter, als eine wechselseitige Interaktion mit einer daraus resultierenden Beeinflussung. Die Inputs dieser fremden Ebene haben einen wesentlichen Einfluss auf uns als Individuum. Das haben wir bereits erkannt. Daraus lässt sich die Frage ableiten, ob wir als Persönlichkeit der materiellen Welt auch einen Einfluss auf die immaterielle Ebene haben? Die Frage nach der Kommunikation mit dieser Ebene ist eng an die Antwort daran gebunden. Wenn auch wir diese Ebene beeinflussen, dann besteht in jedem Fall eine Art der Kommunikation, denn ein wechselseitiger Einfluss ist Vorraussetzung dafür.

Wie kann diese Interaktion aussehen? Auf welcher Basis findet diese statt? Wie bringt der Sender seinen Einfluss zum

Empfänger? Das Problem zur Beantwortung dieser Frage ist die Tatsache, dass wir nur aus einer Richtung einen Einblick in diese Kommunikation haben, nämlich aus Sicht unserer materiellen Realität. Dieser Blickwinkel steckt zugleich auch die Grenzen des Horizonts ab, mit welchem Verständnis wir versuchen diese Kommunikation zu begreifen.

Zuerst müssen wir erkunden, wie wir diese Kommunikation erkennen können. Ganz simpel betrachtet erkennen wir diese an den Auswirkungen in unserer Realität. Zumindest erkennen wir daran, dass wir Einflüsse empfangen. Ob unsere gesendeten Einflüsse ebenfalls eine Wirkung erzielen, können wir direkt nicht erkennen, da wir uns nicht an der Position des Empfängers befinden. Aber vielleicht können wir uns dies herleiten? Denn wenn wir einen Einfluss in Richtung der immateriellen Realität senden, so wird dieser wiederum eine Reaktion erzwingen. Eine solche Reaktion impliziert eine erneute Absendung von Einflüssen in unsere materielle Welt. Diesen Einfluss können wir natürlich wieder messen, da er eine Reaktion zur Folge hat, welche sich an den Maßstäben unserer materiellen Realität orientiert. Diese können beobachtet werden. Eine derartige Kommunikation kann also immer nur indirekt nachgewiesen werden. Zusammenfassend möchte ich dies an folgender Grafik nochmals illustrieren.

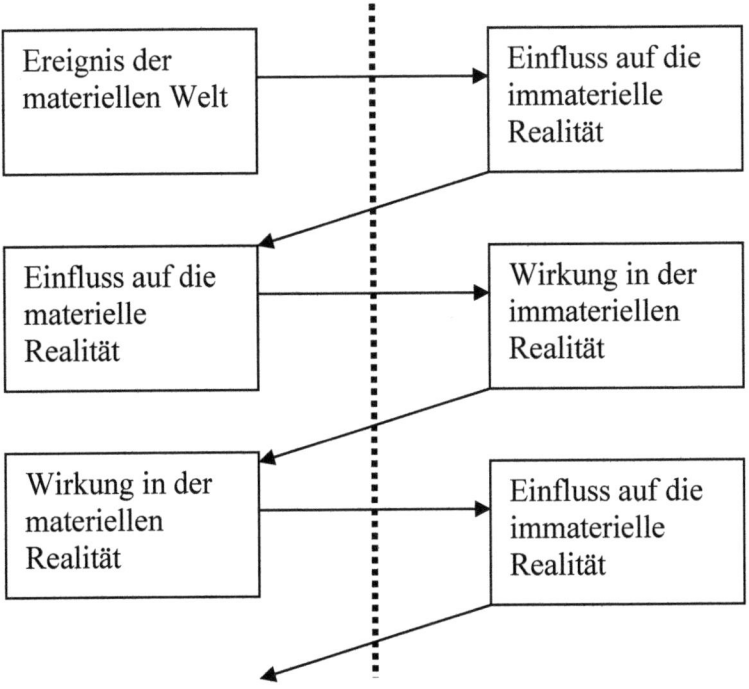

Linksseitige sind alle Beobachtungen, welche wir in unserer materiellen Realität machen. Rechtsseitige sind die Abläufe der immateriellen Welt zu erkennen. Diese sind für uns direkt nicht erfassbar. Wir können nur irgendwie versuchen auf sie zu schlussfolgern. Wenn wir im ersten Feld ein Ereignis der materiellen Welt provozieren, dann hat diese eine Folge. Laut Grafik bezieht sich der Einfluss ausschließlich auf die immaterielle Welt. Das ist natürlich nicht immer so. Es gibt genügend Ereignisse, welche direkte Folgen in der materiellen Realität haben. Um die Kommunikation mit der immateriellen Welt zu verstehen, müssen wir also Ereignisse betrachten, welche keine direkten Einflüsse auf die materielle Welt haben. Also

Ereignisse, welche eine unbekannte Zwischenstufe benötigen, da diese sonst nicht erklärbar sind.

Solche Ereignisse sind zu Unmengen dokumentiert. Ich verweise dabei auf Experimente, zum Nachweis der Telepathie. Auf die enge Verbundenheit, beim spüren, wenn einem Familienmitglied etwas zugestoßen ist. Der seit längerem bekannte Begriff des morphogenetischen Feldes mit seinen Implikationen. Ich möchte in diesem Buch keine detaillierten Beispiele aufführen, sondern diese bewusst nur erwähnen. Bei tieferem Interesse empfehle ich Ihnen Bücher zu diesen Themen. Empfehlen möchte ich die Beschäftigung damit ausdrücklich, da sie mit Träumen und die Erfahrungen beim Schlafen eine enge Verbindung haben.

Eine Kommunikation findet also reichlich statt. Unbewusst senden wir immer immaterielle Signale in unsere Umgebung, weshalb wir diese Umgebung mehr beeinflussen, als es uns vielleicht bewusst ist. Leider können wir diese Kommunikation nicht umfassend einsetzen, da wir die andere Ebene erst im Begriff sind zu entdecken. Daher ist es umso wichtiger, dass interessierte Menschen ihre eigenen Erforschungen zu dieser Ebene machen und dabei ihren Horizont sowie ihre Möglichkeiten erweitern.

6.5. Der Einfluss auf unsere Realität.

Umfassend können wir sagen, dass die nichtmaterielle Welt unsere materielle Realität in jedem Bereich stark beeinflusst. Wenn man sich an der Quantenmechanik orientiert, dann kommt man nicht daran vorbei zu schlussfolgern, dass Materie aufgrund vom nichtmateriellen Bewusstsein entsteht. Wie auch immer die Kausalitäten zu werten sind, das können wir noch nicht mit Sicherheit sagen. Sie selbst werden sicherlich merken, dass dieses Neuland sehr viele Fragen aufwirft und ein Umdenken im Weltbild provozieren muss. Dies ermöglicht uns neue und zeitgemäße Sichtweisen, mit welchen wir das gesamte Gebilde der Existenz betrachten können.

Derzeit gibt es eine Vielzahl von Ereignissen in unserer Realität, welche wir einfach nicht erklären können. Wir staunen über Zusammenhänge und wundern uns über spezielle Erkenntnisse. Wir spielen quasi die Rolle eines Kleinkindes, welches die Welt zu entdecken beginnt. Es ist wichtig, dass wir diese Rolle akzeptieren und ohne Vorbehalte die neuen Erkenntnisse aufnehmen. Jedoch können wir auch Überlegungen anstellen, welche Folgen aus diesem neuen (vollständigen) Weltbild für uns entstehen. Um diese Thematik geht es in meinem letzten Kapitel

Kapitel 7: Was bedeutet dies für uns?

Die Existenz einer parallelen Andersartigkeit muss akzeptiert werden. Wie deren Charakter, die Struktur, das Wesen oder eben dessen ganze Natur betrachtet werden muss, dies gilt es zu erkunden. Die Betrachtung von unserem Standpunkt aus hat zwangsläufig ihre engen Grenzen, da wir uns einen Einblick aufgrund der speziellen materiellen Realität machen. Dieses Manko müssen wir vorerst akzeptieren. Jedoch gibt es eindrucksvolle Implikationen, welche die Erkenntnis dieser anderen Welt bedeuten. Um diese geht es mir in diesem letzten Kapitel.

7.1. Unser Bild der Trennung vom Umfeld muss überdacht werden.

Unsere klassische Wahrnehmung sieht alle Individuen als voneinander losgelöst an. Ein Mensch endet demnach mit seiner äußeren materiellen Schicht, der Haut. Materiell denkende Menschen gehen sicherlich noch den Schritt weiter, dass sie unser elektromagnetisches Feld als Einflussfaktor für umliegende

Strukturen akzeptieren. Ebenfalls nachvollziehbar ist eine unendlich kleine Gravitation, welche ebenfalls über unsere Grenzen hinaus wirkt. Das wäre dann aber schon das höchste aller Zugeständnisse. Im klassischen Weltbild haben andere Einwirkungen von uns keinen Platz. Von diesem Gedanken gilt es sich zu lösen.
Die folgende Grafik soll helfen dieses Bild zu verstehen.

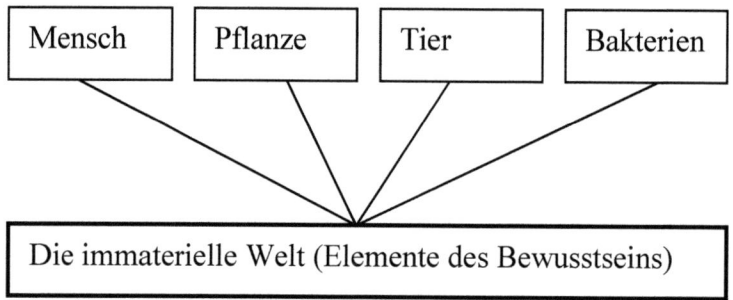

Die Elemente der oberen Zeile sind alles Objekte unserer Realität. Die zweite Zeile hingegen ist unser Pendant, die immaterielle Welt. Beides zusammen, mit seinen gesamten Eigenschaften, bildet unsere umfassende Realität. Was wir nun tun müssen, ist die zweite Zeile in unser Weltbild zu integrieren. Bis heute haben wir nur die getrennte Sichtweise der ersten Zeile verinnerlicht. Diese Betrachtung macht uns jedoch blind gegenüber dem Verständnis einer großen Einheit.
Das vermeintlich wichtigste Dogma, welches es zu überwinden gilt, ist die Lokalität. Wenn sich 2 Objekte beeinflussen wollen, dann muss ein materieller Austausch stattfinden. Auch wenn es nur Schallwellen sind, welche wir als Sender auf ein anderes Objekt einwirken lassen, so sind diese zumindest physikalisch messbar. Andere Einflüsse gibt es nicht. Außerdem gehen wir immer nur von einem festen Standpunkt unseres Daseins aus. Aussagen wie „es existiert gleichzeitig überall" entbehren daher

jeglichen Verständnisses und jeglicher Logik. Eine weitere Folgerung aus der Lokalität ist die Begrenzung der Geschwindigkeit auf ca. 300.000 km/s (Lichtgeschwindigkeit). Schneller können ein Objekt und ein Informationsaustausch nicht sein. Aber dass es diesen schnelleren Austausch gibt, beweist mittlerweile die Quantenmechanik.

Die Lokalität zu hinterfragen stellt enorme Anforderungen an uns selbst. Wir werden uns sicherlich nicht vollständig loslösen können, denn wir erfahren durch diese Sichtweise auch Stabilität in unserem Weltbild. Jedoch können wir im „Hinterkopf" behalten, dass es diese Beschränkung im Ganzen nicht gibt. Wenn wir diesen Gedanken einfach zulassen, dann können einige Dinge im Alltag erklärt werden. Und wenn wir uns davor nicht verschließen, werden wie automatisch einen besseren Zugriff auf die nichtmaterielle Welt haben. Unsere Möglichkeiten erweitern sich dadurch. Im Laufe unserer Zeit haben wir uns einige Barrieren aufgebaut, welche es nun wieder zu überwinden gilt. Mit dem Zulassen dieser Gedanken fängt es an. Wir sind mit unserem Umfeld direkt verbunden und Keiner ist losgelöst von dem Anderen zu betrachten. Vielleicht hilft die Analogie zu Marionetten. Jeder von uns ist eine solche Marionette, während der Spieler, welcher die Fäden steuert, als unsichtbares umschließendes Bewusstsein agiert.

7.2. Ein umfassendes Bild der Existenz erfahren.

Wir haben die nichtmaterielle Ebene als einen Bestandteil alles Existentem kennen gelernt, was uns eine Tür zum Verständnis öffnen kann. Wer nur die materiellen und somit physikalisch erkennbaren Elemente „sehen" will, der verschließt sich einer ganzen Realitätsebene! Die Folge daraus ist die Ignoranz von Einflüssen und Gegebenheiten, welche Tatsache sind. Derartig engstirnige Sichtweisen sorgen für eine Beschneidung der eigenen Möglichkeiten.

Wer die Existenz dieser dualen Partner nebeneinander zulässt und in seinen Verstand integriert, der nimmt die erfahrbare Realität, welche sich aus den materiellen und immateriellen Bestandteilen zusammenfügt, umfangreicher und verständlicher war. Ein solch umfassenderes Bild ermöglicht dem Betrachter viel bessere Einsichten und somit einen sinnvolleren Umgang mit sich selbst und dem Umfeld.

Schlussendlich eröffnet die Akzeptanz dieser Ebene Erfahrungen und Erlebnisse, welche alle Mühen wert sind nach diesen zu streben. Die Transzendenz des eigenen Bewusstseins in bestimmten Situationen vermittelt Empfindungen, welche mit dem reinen Fokus auf die materielle Welt nicht annähernd so empfunden werden können. Es ist ähnlich einer Person, welche beispielsweise das Tauchen erlernt. Auch dieser Mensch dringt in eine neue Welt ein und lernt ganz andere Erfahrungen kennen. Nur ist es eben bedeutend einfacher derartige Fähigkeiten in ihren Ansätzen zu erlernen, als den Pfad zur immateriellen Welt zu beschreiten.

Sehr wichtig wird die Geduld dabei sein. Die Fortschritte sind langsam und mühselig zu erarbeiten. Das eigentlich schwere dabei ist die Tatsache, dass wie solche besonderen Erlebnisse nicht gesteuert herbeiführen können, sondern warten müssen bis wir diese erfahren. Wie ein Hobbyastronom, der durch sein Teleskop einmal eine Sternschnuppe beobachten möchte. Auch er muss sich in Geduld üben. Diese Erscheinungen treten zwar mehr und mal minder auf, jedoch kann eine exakte Vorhersage kaum gelingen, sodass einfach das Warten ein wichtiger Indikator für den Erfolg ist. Genauso müssen wir uns den Tatsachen öffnen, dass dort viel mehr Bestandteile der Existenzen vorhanden sind, als wir ursprünglich angenommen haben. Wenn wir dies zulassen haben wir unseren Fokus auf das Richtige gerichtet und warten nur noch auf die besonderen Momente der Berührung dieser

Ebenen. Wie der Hobbyastronom nach dem Ausrichten seines Teleskops warten muss, bis eine Sternschuppe das Sichtfels passiert.

7.3. Einflüsse kennen und mit ihnen umgehen lernen.

Die Wirkungen auf uns als Individuum sind nicht zu leugnen. Viele Erfahrungen im Alltag scheinen fremd in ihren Uhrsachen zu sein, weshalb wir diese nicht einzuordnen vermögen. Aber mit der Akzeptanz der immateriellen Welt bringen wir etwas Licht ins Dunkel. Wenn dort etwas ist, dann steht dieses auch in Interaktion mit uns. Diese Interaktion hat Folgen, welche wir beobachten können. Bis jetzt sind uns diese Folgen als recht willkürliche Erscheinungen aufgetreten, sodass uns jede rationale Erklärung dafür fehlte.

Unser Verhalten (egal ob physisch oder psychisch) ist also nicht nur eine Reaktion auf die Inputs der materiellen Welt, sondern auch auf Inputs der immateriellen Welt. Es ist wichtig, dass wir uns dessen gewahr sind. Intuitives Verhalten ist also nicht mehr nur eine willkürliche Wahl von mindestens 2 Alternativen. Intuition basiert auf Wissen, welches uns auf klassischer Ebene nicht zugänglich ist. Es ist wichtig, dass wir dieses Wissen als absolut gleichwertig anerkennen. Diese Anerkennung macht uns einmal offener für derartige Informationen und zum anderen steigert es das Vertrauen in unsere Eingebungen. Wir müssen lernen viel mehr unsere Entscheidungen, welche aufgrund von Fakten getroffen worden, zu hinterfragen, wenn uns das Gefühl dazu einen Anlass gibt. Ein solcher Schritt ist schwer, denn das Gefühl ist kein, in unserem Sinne, rationaler Grund, um sich daran zu orientieren. Außerdem gehört viel Übung dazu, wenn man sein Gefühl zu einer Sache erkunden möchte. Denn das rationale Gedächtnis „abzuschalten" ist im wachen Zustand sehr schwierig und benötigt Geduld. Daneben ist natürlich der

Umgang mit Intuition erst einmal zu erlernen. Wie bei anderen Fähigkeiten können wir dies nicht einfach beherrschen und sofort richtig deuten. Dafür ist ein längerer Prozess der Übung notwendig.

Es gibt auch andere Einflüsse, welche wir im Alltag spüren. Dazu zählen plötzliche Stimmungsschwankungen, welche wir uns nicht erklären können. Wir sind auf einmal unruhig, ungeduldig, aufgeregt oder launisch. Oft weisen wir ein derartiges Verhalten auf, obwohl es keinerlei Grund dafür zu geben scheint. Ursache hierfür sind ebenfalls Inputs der immateriellen Ebene, welchen wir offen und hilflos ausgeliefert sind. Manche Menschen gehen sogar soweit, dass Erkrankungen ihre Ursache ausschließlich in diesen Inputs finden. Ganz so extrem würde ich hierfür nicht Stellung beziehen. Jedoch gehe auch ich davon aus, dass viele Leiden ihre Ursache in den nichtmateriellen Bereichen finden.

Wenn wir den Umgang mit diesem Bereich intensivieren und lernen, dann können wir auch positive und negative Einflüsse selektieren. So gelingt es uns demnach besser das Gute für uns heraus zu selektieren. Dies muss der zu beschreitende Weg sein. Die Ursache unerklärlicher Zustände kennen, um somit besser damit um zu gehen. Das ist Die Folge und somit das Ziel der Arbeit mit den Inputs dieser nichtmateriellen Ebene.

7.4. Die Erweiterung des Horizonts.

Den Begriff Verhaltenspotenzial habe ich in diesem Buch bereits näher erläutert. Betrachten wir in diesem Kontext einmal jegliche Erweiterungen des Horizonts. Das Beschreiten dieser phantastischen immateriellen Ebene impliziert zweifelsohne eine große Erweiterung des geistigen Horizonts. Was hat das konkret für Folgen? Sie lernen in anderen Strukturen zu denken und dabei neue Gegebenheiten mit einzubeziehen. Ein erweiterter Geist ist in der Lage effizienter zu denken und Zusammenhänge zur begreifen, wo andere nur Willkür oder Zufall(!) erkennen.

Der Horizont des durchschnittlichen Bürgers, welcher sich an den Medien orientiert, ist auch aus eben diesen Medien direkt erkennbar. Es ist eine oberflächliche, einseitige und etwas rudimentäre Sichtweise unserer Welt. Die meinungsbildende Darstellung und die daraus resultierende Manipulation des Konsumenten tut dann ihr übriges. Ein solches Bild der Welt kratzt lediglich an der Oberfläche und lässt sämtliche Wahrheiten im Keim ersticken. Es ist ganz interessant, wenn man ein aktuelles Thema über die öffentlichen Medien vermittelt bekommt und dann das Glück hat mit einem, diesem Thema vertrauten Menschen, zu sprechen. Beeindruckend und alarmierend sind diese gegensätzlichen Darstellungen.

Es ist mit unserem Sinn für die Existenz nicht anders. Unsere einseitige Betrachtung der Realität vermittelt ein einseitiges Bild. Wir machen uns den mächtigen Zufall zu eigen, um nicht erklärbare Erfahrungen zu beschreiben. Oder wir machen uns gar nicht erst die Mühe bestimmte Dinge zu erklären oder zu verstehen.

Der Einblick in diese fremde Materie bietet uns ein ganz anderes Verständnis. Auf diese Weise ist es uns möglich über die engen Grenzen der materiellen Existenz hinaus zu blicken und Zusammenhänge zu erkennen, welche uns sonst gänzlich verschlossen sind. Unser erweitertes Verhaltenspotenzial ermöglicht uns Erklärungen für Umstände, welche uns sonst verschlossen geblieben wären. Schlussendlich findet auch eine Veränderung im Umgang mit dem sozialen Umfeld statt. Wer sich wirklich darüber bewusst ist, dass wir auf einer immateriellen Ebene mit den Menschen verbunden sind, der wird dies in seinem Auftreten berücksichtigen und anders auf das Leben im Allgemeinen wirken. In diesem Zusammenhang kann nichts Besseres passieren, als das einem Individuum bewusst wird, dass Alles eben doch Eins ist. Denn so wie man mit allen physisch externen Strukturen umgeht, so geht man im selben Zeitpunkt mit einem Teil von sich selbst um.

7.5. Unser Bild vom Leben muss neu bewertet werden.

Die Erkenntnis, dass wir aus 2 Bereichen bestehen, welche sich so grundlegend voneinander unterschieden, lässt viel Platz für philosophische Gedanken nach dem Leben. Im Grunde haben wir eine recht oberflächliche Vorstellung vom Leben an sich. Unser Verstand beschränkt sich auf ein Bild von einer komplexen Struktur von (lebenden) Zellen, welche einen einheitlichen großen Organismus bilden. Auch wenn wir schon an dieser Stelle vermuten, dass hinter Bewusstsein mehr steht, als die Summe von biochemischen Prozessen zwischen Nervenzellen, so fehlt uns gänzlich die Vorstellungskraft dies umfassend zu begreifen. Unser logisches Denken beschränkt uns auf die materiellen Strukturen.

Diese Vorstellung müssen wir abwerfen. Wir dürfen eine parallele Welt dazu nicht nur vermuten, sondern müssen wissen, dass es diese gibt. Wir müssen diese in unseren logischen Verstand integrieren und lernen aktiv damit umzugehen.

Wenn wir dies schaffen, und das gelingt uns einfach mit der Arbeit mit dieser Welt, dann werden wir auch unser Leben, unsere Existenz, anders sehen. Vergänglichkeit ist ein Begriff, welcher sich aus der materiellen Betrachtung ergibt. Denn nur diese ermöglicht einen Zeitpfeil, welcher wiederum Vorraussetzung für Vergänglichkeit ist. Genauso ist es mit der Lokalität zu sehen. Wie bereits erwähnt ist diese eine Fassette aus unserer materiellen Welt, aber keinesfalls universell zu charakterisieren. Lokalität und Zeit sind also beides Konstrukte, welche sich aus unserem materiellen Weltbild ergeben. Beides sind auch Grundelemente für unser Bild der Realität.

Doch es gibt einen mindestens gleichwertigen Teil eben dieser Realität, welcher weder Zeit noch Lokalität impliziert. Unser

Leben findet auch in diesem Bereich statt. Unser Verstand streikt, wenn wir über unser Vergehen nachdenken. Es scheint irgendwie fremdartig und nicht plausibel zu sein. „Man ist eben einfach weg!" – das ist die oberflächliche Antwort von Menschen, welche diesen Gedanken nicht weiterführen. Im Schlaf sind wir genauso „einfach weg". Dieses „weg" - sein bezieht sich auf die bewusste Existenz in der materiellen Welt und mehr nicht! Unser Bewusstsein, unser Wissen und unsere Erfahrungen werden eingespeist in ein kollektives Bewusstsein, welches überall da ist. Ein lebendes Wesen ist zugleich die Summe aus Wissen, Erfahrungen, Bewusstsein und auch der materiellen Struktur. Vergänglich davon ist jedoch nur die materielle Struktur, denn diese ist den Gesetzen der materiellen Welt unterstellt.

Der Ausdruck „Der Mensch ist mehr als die Summe seiner Einzelteile" gibt einen großen Aufschluss über die zentrale Aussage dieses Buches und dem Begriff Leben. Nur muss man in diesem Ausdruck „Mensch" durch alle Lebewesen ersetzen. Leben ist eine Berührung von Impulsen der immateriellen Welt und materiellen Bestandteilen in komplexer Form. Dadurch scheinen Lebensformen getrennt voneinander zu existieren. Diese Trennung zeigt sich uns jedoch lediglich auf der oberflächlichen Ebene, welche die Ebene unserer aktuellen Realität darstellt. Aber, und das ist die wohl wichtigste Erkenntnis, die aktuelle Realität ist eine Form der Betrachtung und nicht die Wahrheit.